A construção intelectual do Brasil contemporâneo

Bernardo Sorj

A construção intelectual do Brasil contemporâneo

Da resistência à ditadura ao governo FHC

Jorge Zahar Editor
Rio de Janeiro

Copyright © 2001 desta edição:
Jorge Zahar Editor Ltda.
rua México 31 sobreloja
20031-144 Rio de Janeiro, RJ
tel.: (21) 240-0226 / fax: (21) 262-5123
e-mail: jze@zahar.com.br
site: www.zahar.com.br

Capa: Sérgio Campante

CIP-Brasil. Catalogação-na-fonte
Sindicato Nacional dos Editores de Livros, RJ.

Sorj, Bernardo
S691c A construção intelectual do Brasil contemporâneo / Bernard Sorj. — Rio de Janeiro: Jorge Zahar Ed., 2001

Inclui bibliografia
ISBN 85-7110-610-x

1. Centro Brasileiro de Análise e Planejamento. 2. Ciências sociais. I. Título.

01-0835 CDD 306.406
CDU 316.354

Sumário

Segunda Parte

Pensando o Brasil: a (des)filiação do saber, *83*

Terceira Parte

Fernando Henrique Cardoso, o sociólogo e o político, *113*

Prefácio

A sensação de insegurança que a falta de recuo histórico transmite nos levou a engavetar por longo tempo a publicação deste livro, cujo objeto central é uma instituição à qual estiveram associadas muitas das principais figuras da vida política brasileira contemporânea, tanto do governo como da oposição. Particularmente, o fato de que o atual presidente da República tenha sido um dos fundadores e principais membros do Cebrap (Centro Brasileiro de Análise e Planejamento) aumenta o risco da interpretação anacrônica — a tentação de reduzir o passado a uma premonição do presente —, perigo que, na medida do possível, procurei evitar, e que discuto na terceira parte do livro, num ensaio intitulado "Fernando Henrique Cardoso: o sociólogo e o político".

Este trabalho inclui dois textos, ambos inéditos, escritos em momentos diferentes. O primeiro, baseado numa pesquisa realizada em 1980 e 1981, concentra-se na trajetória do Cebrap nos anos 70 e em suas relações com a luta pela democracia e a comunidade científica. Embora atualizado quando necessário para facilitar a leitura, procurei manter a versão original, escrita sob influência direta do ambiente da época e das entrevistas realizadas com a maioria dos membros do Cebrap. Acredito que o que perdi em perspectiva foi compensado pelo realismo das informações recolhidas quando a vivência era ainda próxima, antes que as artimanhas da memória, afetada pelo passar do tempo, começassem a desfigurar o passado.

O segundo texto, escrito recentemente, uma discussão do problema da filiação do saber em ciências sociais, isto é, dos problemas de continuidade e cumulatividade do conhecimento social e das relações complexas entre ciência social, cultura nacional e a dinâmica da comunidade científica.

Entrevistas com cientistas sociais constituem um desafio particular, na medida em que estes nos oferecem permanentemente sua própria interpretação sociológica dos acontecimentos. Mais ainda quando as pessoas entrevistadas foram Cândido Procópio Ferreira Camargo, Francisco de Oliveira, Elza Berquó, Carlos Estevam Martins, Bolívar Lamounier, Juarez Brandão Lopes, José Arthur Giannotti, Paul Singer, Vilmar Faria e Fernando Henrique Cardoso. Este último, então presidente do Cebrap, não somente colocou à nossa disposição as facilidades do Centro como abriu seus arquivos pessoais a nossa pesquisa. A todos eles nossa gratidão, extensiva a Danielle Ardaillon, na época secretária-executiva da instituição.

O texto sobre o Cebrap nos anos 70 foi escrito em 1984, quando eu era diretor de estudos associado na École des Hautes Études en Sciences Sociales em Paris. A elaboração final do livro e a primeira parte do trabalho foram realizadas durante minha permanência no Institut des Hautes Études de L'Amérique Latine, onde ocupei a Chaire "Sérgio Buarque de Holanda" da Maison des Sciences de L'Homme. Meu agradecimento a todas essas instituições.

A pesquisa original foi possível graças ao apoio do então Comitê de Ciências Sociais da Fundação Ford a um projeto de pesquisa realizado em conjunto com Antonio Mitre, que participou na elaboração de um primeiro texto. A amizade, incentivo e apoio constante de Antonio remontam ao saudoso período em que fui professor do Departamento de Ciência Política da Universidade Federal de Minas Gerais e no qual tive a felicidade de contar com colegas e amigos de excepcional estatura moral e intelectual. Sem dúvida os ventos que sopravam eram outros, mas também, como diz o poeta espanhol "..., a nuestro parecer, todo tiempo pasado fue mejor".

Primeira Parte

O Cebrap nos anos 70

I. Introdução

O Cebrap (Centro Brasileiro de Análise e Planejamento) se apresenta como um caso privilegiado da rica e complexa relação entre a produção científica e a vida social e política, seja por suas origens, por seu papel central nas ciências sociais durante o regime autoritário, pelos problemas que atravessou com o processo de democratização ou pelo próprio fascínio que seus principais intelectuais exerceram sobre uma geração de jovens cientistas sociais nos anos 70. Neste sentido, respeitadas suas especificidades, o Cebrap pode ser visto como um exemplo e uma metáfora das complexas relações entre intelectuais e política, entre saber e poder, entre conhecimento e democracia na sociedade brasileira.

Como todo fenômeno histórico, o Cebrap é o produto inesperado do entrecruzamento do esforço intencional e criativo de indivíduos — que dão seu caráter único e irreproduzível a cada fenômeno — com circunstâncias históricas definidas. Este trabalho procura desvendar a dinâmica da instituição, o contexto que lhe permitiu usufruir de uma projeção excepcional, sua relação com os diversos públicos e com a política nacional, seu funcionamento interno e seu lugar no processo de formação da comunidade de cientistas sociais de suas relações com o sistema social.

Nosso esforço foi o de recuperar a história do Cebrap refazendo seu percurso e reconstituindo o tecido que sustentou sua criação e sua organização interna. O trabalho encontra-se organizado em torno de uma periodização que procura considerar em particular a dinâmica institucional do Cebrap. Embora existam simetrias entre os pontos de continuidade e ruptura presentes na história política do país e na do Cebrap — fruto de inegáveis vínculos entre esses dois níveis —, o certo é que o desenvolvimento da instituição está pautado também por processos internos cujos elementos não são redutíveis às mudanças que se observam no quadro político mais amplo.

Faremos referência aos seguintes períodos da história do Cebrap:

1. A genealogia das origens, de 1957 a 1969; desde o início do Seminário de Marx até a criação formal do Centro
2. 1969-1971, período formativo
3. 1971-1978, consolidação e maturidade
4. 1979-, crise, redefinições e procura de uma nova identidade

II. Genealogia do Cebrap

A Universidade de São Paulo

O núcleo central dos membros do Cebrap estudou e iniciou a carreira profissional na USP (Universidade de São Paulo). A USP foi criada

> ... em 1934, por Armando de Salles Oliveira, concretizando o ideal de um grupo de intelectuais paulistas que girava em torno de Júlio de Mesquita Filho, Fernando de Azevedo e Paulo Duarte. De certo modo, a USP nascia sob o signo da contradição. Enquanto o país marchava celeremente sob uma ideologia centralizadora e autoritária, ... essa Universidade surgia sob a égide da ideologia liberal da Comunhão Paulista, vendo na pesquisa desinteressada e no ensino superior de qualidade instrumentos úteis para a formação da sua futura elite dirigente. Ela significava uma opção da elite de São Paulo, depois de sua derrota na Revolução Constitucionalista de 1932, apostando na ciência e na cultura como meios da sua redenção, inclusive, política. (S. Motoyama, 1984, p.11.)

Florestan Fernandes insiste igualmente nas características da cidade que permitiram o florescimento da USP:

> Certas peculiaridades de São Paulo, como cidade burguesa, foram fundamentais para o crescimento das instituições. ... Pelo menos durante mais de três décadas, as instituições criadas tiveram uma grande liberdade para decidir os seus caminhos, dentro dos limites da escassez de recursos materiais e humanos ou da falta de um planejamento racional de sua organização, expansão e aproveitamento construtivo de seus resultados. Essa liberdade, em parte, deve ser

> creditada à tradição elitista: a utopia liberal-conservadora desde o início associou a inovação a propósitos puramente burgueses de hegemonia econômica, cultural e política. (F. Fernandes, 1977, p.223.)

Em 1947, especialmente por influência de Fernando de Azevedo, foi criado na Faculdade de Filosofia, Ciências e Letras (núcleo-base da USP) o Departamento de Sociologia e Antropologia. Tanto este departamento como o conjunto da USP tiveram como seus principais mestres professores europeus, e, no caso das ciências sociais, particularmente franceses. Essa formação européia das ciências sociais da USP acompanha a tendência geral da intelectualidade brasileira da época.

O departamento de Sociologia e Antropologia da USP tinha na figura de Florestan Fernandes seu principal mentor e, como marca principal, sua vontade de imprimir um novo estilo de produção intelectual, rompendo com o antigo ensaísmo, procurando utilizar sistematicamente os marcos conceituais ligados aos grandes clássicos do pensamento sociológico, propondo estudos específicos em vez de realizar grandes interpretações da realidade nacional. Na memória de fundadores do Cebrap, o reconhecimento da formação séria e dedicada vem acompanhado por críticas a certas características das quais os próprios membros dessa instituição procuraram — nem sempre com êxito — se desembaraçar.

Trechos da entrevista realizada em 1981 com Fernando Henrique Cardoso expressa os dilemas da experiência uspiana:

"A preocupação central era com o discurso científico, procurando afastar-se da 'ideologia', enfatizando a pesquisa empírica. Uma espécie de 'anti-ISEB' tanto no sentido de se opor a um grupo disseminador de ideologia como numa postura universalista que não aceitava as versões de uma ciência nacionalista proposta por alguns membros do ISEB.";* "A vida era austera, quase ninguém tinha carro, e ninguém aceitava trabalhar para o governo; quem o

---

* Instituto Superior de Estudos Brasileiros, sediado no Rio de Janeiro e fechado pela ditadura militar em 1964.

fazia (Delfim Neto, por exemplo), era malvisto."; "O estilo da USP era incestuoso, provinciano, ufanista, fechado, pouco orientado para a América Latina." Ou, de acordo com outro entrevistado, "A USP era altamente hierárquica, competitiva, em função da ascensão na carreira universitária. [Essa estrutura desaparece em fins da década de 60 com a reforma universitária.] Os trabalhos eram realizados individualmente, às vezes sob patrocínio do professor titular."

Apesar dessas críticas a sólida formação acadêmica recebida na USP foi um elemento central no desenvolvimento do grupo fundador do Cebrap. À diferença da nova geração de cientistas sociais que surge nos anos 70, a maioria com doutorado no exterior, a política de Florestan Fernandes era de que seus estudantes só saíssem do Brasil depois de realizarem o doutorado na USP, o que assegurou uma certa coesão intelectual e institucional de seus discípulos.

Na década de 70 a USP passou a ser promovida por vários cientistas sociais brasileiros como paradigma exemplar da produção de conhecimento independente do poder, em contraposição ao ISEB.[1] Embora compreensível no quadro de uma geração que descobre a "sociedade civil" e deseja ajustar contas com o período populista, essa perspectiva não faz justiça às relações complexas que a USP mantinha com a realidade política.

Como assinala Alfredo Bosi no prefácio a um destes trabalhos:

> A cultura universitária de São Paulo escapou à vertente nacionalista, ou antes, ela nada teve que ver com qualquer prática nacional-popular. Para entender as suas razões profundas, creio que além de reconhecer a sua filiação (primeiro oligárquica, depois de classe média nobilitada pelo status na hierarquia docente); além de notar a sua desconfiança em relação a todo nacionalismo; além de verificar o seu descentramento em face do poder, é preciso pôr-se nos meandros da sua prática intelectual. A Universidade fez ciência social nos moldes franceses e americanos, correndo, às vezes conscientemente, o risco de ser positivista e funcionalista, logo "cientificamente" neutra; e de alhear-se, durante largos anos, ao processo de "conscientização" que se promovia

> em outras áreas menos acadêmicas da inteligência brasileira, das quais saiu, certamente, o mais belo projeto de cultura popular que se conhece na História da América: o método de alfabetização de Paulo Freire. (A. Bosi, p.VI, in C.G. Motta, 1977.)

Não estando diretamente ligadas ao poder central, e até certo ponto numa posição — para as condições brasileiras — de privilegiado afastamento dos embates políticos, fortemente influenciadas nos seus princípios por professores europeus com uma forte tradição de autonomia acadêmica, as ciências sociais da USP se caracterizaram pela defesa da especificidade da produção científica e por sua autonomia em relação a outros campos da vida cultural. Esta orientação poupou-as dos compromissos e também dos descaminhos que o ISEB percorreu em seu engajamento na vida política brasileira.

Graças a esta formação, os futuros membros do Cebrap adquiriram um sólido treinamento em formular uma análise social expurgada da retórica ideológica. Este será um dos aspectos "fortes" dos trabalhos do Cebrap e, inclusive, de certa forma, facilitará sua sobrevivência no período de repressão do regime militar. A censura tem dificuldades com pesquisadores que não utilizam a retórica de tipo partidária para expressar suas idéias, mesmo que elas sejam, às vezes, de inspiração marxista.

O Seminário de Marx

Na atmosfera particular da USP, como expressão de uma maior radicalização política dos jovens professores e estudantes, mas dentro das regras do trabalho acadêmico rigoroso, surge em 1957 o Seminário de Marx, do qual vários membros terão posição central no Cebrap.

A criação deste grupo foi relatada brevemente, por escrito, por alguns de seus participantes. Assim Francisco Weffort, analisando a chegada do marxismo ao Brasil, indica que,

> marginal na política, Marx entra na universidade também pela margem. Nessa época, em São Paulo, um grupo de jovens se reunia, de quinze em quinze dias, para ler *O capital*. Alguns eram auxiliares de ensino, outros ainda estudantes: Fernando Henrique Cardoso, José Arthur Giannotti, Paul Singer, Octávio Ianni, Roberto Schwarz, Fernando Novais, Bento Prado Jr., Leôncio M. Rodrigues etc. Investiram nisso três anos de regular e metódico esforço de leitura. Poderia haver algo de mais saudável na academia? Não por acaso, muitos dos que passaram por Marx são hoje figuras notáveis na universidade, alguns deles, aliás, já vendo o velho mestre como netos costumam ver os avós. (*Isto É*, 9.3.1983.)[2]

Num artigo escrito em 1959, de fato o primeiro esforço de síntese das discussões filosóficas que tiveram lugar no Seminário, Giannotti indica que "o presente trabalho é fruto da leitura feita juntamente com Ruth Corrêa Leite Cardoso, Fernando A. Novais, Fernando Henrique Cardoso, Francisco Weffort, Michel Levy, Octávio Ianni e Paul Singer, tendo sido suas conclusões grandemente influenciadas pelos debates havidos..." (Giannotti, p.60, 1960). Embora o núcleo original do Seminário tenha permanecido constante, ao longo dele novas pessoas se integraram a esse grupo. Assim, a lista de Giannotti reflete o núcleo original e a de Weffort é mais tardia. Devemos, ainda, agregar aos nomes incluídos os de Rui Fausto, Juarez B. Lopes e Sebastião da Cunha.

Foi Giannotti, ao retornar da França, o mentor da idéia de formar um grupo de leitura rigorosa de *O capital*, a partir do pressuposto de que,

> se levarmos em conta o extraordinário florescimento atual das ciências do homem, dificilmente cada pessoa seria capaz de dominar de uma forma crítica todos os terrenos explorados por Marx. Tendo isto em vista é que nos reunimos num grupo heterogêneo, que nos permitisse caminhar com certa segurança no interior dessas ciências, mas que nos custou horas a fio de irritantes discussões a fim de chegarmos a um vocabulário comum. Entretanto agora, depois de mais de um ano de seminários quinzenais, todos sentimos que estamos adotando uma nova maneira de compreender Marx e os problemas de nossa socie-

dade estudados por esse autor, o que sem dúvida deverá produzir seus frutos. (Ibid., p.61.)

Na versão oral de Fernando Henrique Cardoso:

Na criação do grupo do *Capital*, reflete-se a relação contraditória do grupo com a USP. Por um lado, a maioria, senão a totalidade, eram membros docentes ou discentes da USP. Neste aspecto, reflete a USP no sentido que formavam um grupo de pessoas bem capacitadas e em condições de realizar um trabalho sério e sistemático, de procura e aprendizagem intelectual. Por outro lado, a USP apresentava claras limitações pelo posicionamento científico eclético, na medida em que o grupo do seminário acreditava que Marx devia ocupar uma posição particularmente privilegiada. Mas não se trata de um corte puramente intelectual. É também o primeiro esforço de reflexão coletiva com participação igualitária, independentemente de posições na hierarquia acadêmica.

O próprio Florestan Fernandes reconhece:

Os meus assistentes traziam consigo ventos novos, que vinham principalmente da França ou da Inglaterra. Eles haviam sido meus alunos e me respeitavam: o que eu lhes dera, porém, fora um mero ponto de partida e o respeito, para ser mantido, deveria ser continuamente reconquistado. No processo de auto-afirmação psicológica e científica, eles impunham, claramente, o peso da renovação que eles configuravam, graças a Lukács, primeiro, a Sartre, em seguida, a Goldman, mais tarde, e a uma pletora de leituras menores, em que se confundiam a "nova esquerda", a "contracultura" e os principais representantes mais recentes da sociologia européia ou norte-americana. Apesar das pequenas diferenças de idade, eles surgiam diante de mim e dos estudantes como a nova geração. Eu não dispunha de tempo para retomar leituras maciças ou para aprofundar os meus conhecimentos sobre os expoentes das novas tendências filosóficas, sociológicas e socialistas. Por sua vez, os meus colegas mais jovens não simplificaram as coisas para mim. Eles constituíam um círculo de estudos, por exemplo, no qual se associaram sociólogos, economistas e filósofos,

> que começou por uma análise dos textos de Marx. Eu me vi excluído. (1977, p.191.)

Este grupo de estudos que se reuniu intermitentemente por quase uma década, além de *O capital* e outros textos de Marx, estudou as obras dos maiores expoentes do marxismo como Hilferding e Rosa Luxemburgo, mas, apesar de que vários membros do grupo exercessem uma certa militância política, a obra de Lenin não foi considerada. O trabalho de doutorado de José A. Giannotti (1965) de alguma forma representa o mais importante esforço de reflexão em torno da obra de Marx ligado mais diretamente ao Seminário de Marx. Igualmente as introduções de Fernando Henrique Cardoso e as conclusões de Octávio Ianni a seus trabalhos de doutorado refletem os debates metodológicos sobre a obra de Marx.

As diferenças filosóficas internas entre os participantes se dividem entre uma forma de leitura de influência fenomenológica e estrutural, proposta por Giannotti, e outra mais influenciada por Sartre e Lukács, orientada mais no sentido de uma antropologia fundante. As diferenças no nível político (o grupo incluía desde membros do Partido Comunista a militantes trotskistas) aparentemente não afetaram o debate intelectual, o que representa, considerando a perspectiva da época, um feito impressionante.

A importância desse seminário reside em que ele permitiu, pela primeira vez no Brasil, e quiçá na América Latina, a um grupo de cientistas sociais com sólida formação acadêmica, identificados com o socialismo, desenvolver um conhecimento profundo da obra de Marx, o qual aplicaram em suas disciplinas, com simpatia mas de forma não-sacralizante. Isto, uma década antes de Althusser introduzir a moda de reler Marx no mundo acadêmico europeu. Ainda que seja uma leitura anterior ao "descobrimento" de Gramsci e das dimensões políticas e culturais da luta de classes, ela é excepcional no contexto de uma sociologia marxista, que no mundo todo, até os anos 70, se identificava com as versões soviéticas ou com o "marxismo dos cristãos e dos nacionalistas radicalizados,

dos quais este grupo explicitamente buscou diferenciar-se" (entrevista com J.A. Giannotti).

Assim, pioneiramente, a USP introduz cursos sobre Marx, oferecidos por Octávio Ianni e Fernando Henrique Cardoso, quando antes ele era estudado de forma mais ou menos difusa como um dos precursores da moderna ciência social ou de forma apologética pelos grupos marxista-leninistas.

Na década de 60, e ainda no início da de 70, quando as teorias econômicas preponderantes, seja da Cepal (Comissão Econômica para a América Latina), seja a versão marxista soviética do Terceiro Mundo, seja a gerada pela revolução cubana, enfatizavam a estagnação da periferia, a formação marxista clássica dava aos participantes do Seminário de Marx uma perspectiva diferente do capitalismo. Retornando a Marx, eles enfatizam tanto as crises periódicas como a dinâmica de acumulação de capital, a exploração do trabalhador mas também a importância do desenvolvimento tecnológico e os ganhos de produtividade. Igualmente, a leitura dos clássicos levou-os a enfatizar mais a dinâmica das relações de produção e a estrutura de classes e menos as relações de dominação internações/imperialismo, problemática que dominava o marxismo da época. Já nos primeiros trabalhos de interpretação sociológica da evolução de São Paulo, Cardoso e Ianni (1959) assinalavam os processos e as características específicas da estrutura de classes interna como determinantes na industrialização desse estado.

A importância do Seminário de Marx, alem de sua dimensão intelectual, deve ser lida de várias formas. Ele foi um elemento cristalizador da identidade de um grupo geracional, ao qual deu, além de uma linguagem comum, laços existenciais e de lealdade e uma marca de origem. Quando o Cebrap foi criado, o seminário de Marx serviu como mito fundador da instituição, conferindo um sentido de continuidade no tempo e um caráter de quase predeterminação a um evento que teve muito de circunstancial.

Os membros do Cebrap que participaram do Seminário encontravam-se em condições de assumir o discurso dominante na esquerda — o marxismo — sem se subordinar ao debate ideológico. A síntese específica entre a formação acadêmica e o discurso marxista permitiu que este grupo convergisse com o contexto ideológico da época da ditadura militar, em que as ciências sociais se institucionalizam e os cientistas sociais se radicalizam ideologicamente.

Esta capacidade de comunicação com o público pelo conhecimento do discurso marxista não foi isenta de ambivalência e mesmo de ambigüidades. Na medida em que o marxismo está associado a uma mensagem político-ideológica mais ou menos definida, pelo menos no contexto latino-americano do período, a utilização de categorias marxistas por membros do Cebrap pode ser entendida tanto como o emprego do discurso mais adequado *dentro* das ciências sociais para transmitir ou realizar uma certa análise social, quanto como um compromisso com os pressupostos ou conotações político-ideológicas desse discurso.

Aparentemente esta ambigüidade potencial já estava presente nos membros do Seminário de Marx e, no decorrer do tempo, implicaria trajetórias político-ideológicas cada vez mais diferenciadas entre eles. Nos anos 70, o contexto da repressão diminuiu ou limitou a pressão por uma confrontação mais explícita do sentido da utilização de categorias marxistas nas análises veiculadas pelo Cebrap.

América Latina

A América Latina é fundamental na formação do Cebrap em vários sentidos. Por um lado, foi na vivência direta de outras realidades da América Latina, e particularmente na interação intelectual e existencial com cientistas sociais em Santiago, no Chile, que se consolidou a formação intelectual de vários pesquisadores seniores do Cebrap. Por outro lado, é fundamental captar o ambiente ideológico então vigente na América Latina para definir o papel específico que o Cebrap terá no debate intelectual e político no início dos anos 70.

Dos pesquisadores do Cebrap da geração USP, foi Fernando Henrique Cardoso quem teve uma vivência mais duradoura de trabalho no Chile. Em 1964, com prisão preventiva decretada, teve que exilar-se na Argentina, depois no Chile. Florestan Fernandes, assumindo a cátedra de sociologia em 1967, o nomeia primeiro-assistente e, em 1968, no seu retorno do Chile, Fernando Henrique é conduzido, por consenso, à cátedra de ciência política. Praticamente todos os membros não-uspianos do Cebrap, com exceção de Francisco de Oliveira, passaram pela Flacso (Faculdade Latino-Americana de Ciências Sociais) e/ou pela Cepal, ambas sediadas em Santiago. Octávio Ianni teve ali uma curta experiência.

A história política e intelectual da América Latina na década de 70 desenvolveu-se sob o signo da revolução cubana. Pela primeira vez no continente, uma revolução antiimperialista consegue transformar-se numa sociedade socialista. A revolução cubana modificou totalmente o quadro do pensamento e da ação política na América Latina. Os partidos comunistas, que no momento atravessavam a crise produzida pelo cisma chinês, viram-se subitamente deslocados do seu papel de monopolizadores do discurso revolucionário socialista, já que a revolução cubana tinha sido realizada à margem do Partido Comunista e da teorização marxista. Ela provocou a radicalização de antigos grupos nacionalistas e socialistas e de uma nova geração de classes médias universitárias, que viam em Cuba a possibilidade de um caminho revolucionário "latino-americano".

Posteriormente, a declaração de Fidel Castro de que era marxista-leninista, a denominação de Partido Comunista a seu grupo político e a integração crescente ao bloco soviético diminuíram, ainda que parcialmente, a contraposição original entre a revolução cubana e a tradição comunista latino-americana. A teoria revolucionária cubana se caracterizava por um forte pragmatismo e um certo primarismo intelectual, e como tal não fez uma contribuição específica ao debate teórico. Ainda assim teve um impacto central no sentido de arejar e questionar velhos esquemas marxistas difundidos pelos partidos comunistas, em particular na importância que davam à vontade política na transformação social.

Nas ciências sociais a nova geração intelectual influenciada pelo impacto da revolução cubana estabeleceu um duplo debate: com os partidos comunistas, por um lado, e com o pensamento da

Cepal, por outro.[3] É neste contexto que se desenvolvem o conceito e as controvérsias sobre a dependência. Na verdade, a noção de dependência foi uma espécie de campo intelectual comum à intelectualidade latino-americana dos anos 60 e início dos 70, campo que adquiriu diversos significados, na maioria dos casos bastante imprecisos.

Nesse debate, foi central o livro de Fernando Henrique Cardoso e Enzo Faletto, *Dependência e desenvolvimento na América Latina*, escrito numa primeira versão em 1965 e na versão final em 1966-7. O livro introduz importantes nuances nas teorias dominantes sobre imperialismo e subdesenvolvimento. Ainda que reconhecendo a posição de dependência da América Latina face ao sistema capitalista internacional, as colocações de Cardoso e Faletto questionavam as versões estagnacionistas da Cepal ou da esquerda revolucionária.

A colocação fundamental do livro de Cardoso e Faletto refere-se à importância dos fatores "internos" na dinâmica histórica dos diferentes países latino-americanos. A idéia principal é que a soberania política não é uma mera aparência ou estrutura formal. O Estado nacional, inclusive nos países dependentes, tem um espaço de liberdade, em particular em momentos de crise ou inflexão do sistema capitalista. Embora a estrutura de classes interna interiorize as relações de dependência, a dinâmica política de cada país será definitivamente a responsável pela orientação que cada sociedade segue em situações históricas concretas.

Ainda que a explicitação teórica das relações entre fatores "internos" e "externos" permanecesse algo nebulosa, o argumento central questionava a perspectiva dominante na esquerda marxista, que entendia que a dinâmica do continente era determinada pelo imperialismo, na época o norte-americano, e que este unificava e homogeneizava o destino do conjunto dos países. Ao enfatizar a importância da dinâmica interna estava-se, implicitamente, questionando a teoria de uma via única para a revolução latino-americana, identificada com o modelo cubano.

De todas as formas, a revolução cubana foi central no rompimento do quase monopólio que os partidos comunistas exerciam sobre o discurso marxista; ao mudar o clima intelectual, ela veio favorecer a abertura do marxismo e inclusive a versão deste que predominou no Cebrap. Por outro lado, se a teoria cubana caracteriza-se pelo seu caráter simplificador, homogeneizante e hipervalorizador do papel do imperialismo na história do continente, o Cebrap veiculou pressupostos metodológicos e teóricos distanciados ou em claro confronto com o debraysmo/guevarismo, no qual boa parte da esquerda latino-americana tinha embarcado em fins da década de 60, mas que no início dos anos 70 já estava derrotado militarmente e em franco declínio na maioria dos países do continente.

À medida que os membros do Cebrap foram se integrando à realidade brasileira, abandonaram o debate latino-americano e até mesmo o tema da dependência, embora este tenha sido um dos principais trunfos intelectuais que projetavam o Cebrap e em particular Fernando Henrique Cardoso no meio intelectual internacional. Na medida em que cientistas sociais brasileiros tinham cada vez mais vínculos internacionais, o reconhecimento internacional passou a ser um importante capital simbólico.

As ciências sociais no Brasil *circa* 1964

No início dos anos 60 os centros de ciências sociais de maior relevância no Brasil se concentravam em São Paulo — em torno da USP e, em menor medida, da Escola de Sociologia e Política —; no Rio de Janeiro, com suas duas universidades federais — do Brasil e Fluminense — a Estadual e o ISEB (fechado pelo golpe militar em 1964); tendo ainda em Belo Horizonte se desenvolvido em torno da Faculdade de Economia um núcleo importante de estudos sociais e políticos, enquanto em Brasília iniciava-se o processo de lançamento de ambicioso projeto de criação de um Instituto de Ciências Humanas.

O ISEB, funcionando no Rio de Janeiro, com muito mais visibilidade e impacto político que a USP e financiado pelo governo federal, procurava desenvolver um projeto para o Brasil. Nessa postura,o conhecimento era considerado um instrumento para se elaborar uma doutrina de intervenção social. A USP, por sua vez, colocava-se como agente *autônomo* de produção de conhecimento, como esclarecia o próprio Florestan Fernandes:

> Parece certo e indiscutível que o cientista moderno precisa ter consciência plena das vinculações das condições e dos produtos de seu labor intelectual com a organização da sociedade em que vive. Mas também é patente que nenhum cientista conseguirá pôr a ciência a serviço de sua comunidade, sem observar, de modo íntegro e rigoroso, as normas e os valores que regulam a descoberta, a verificação e a aplicação do conhecimento científico. A esse respeito, é justamente o sociólogo que pode estabelecer que, neste terreno, não há incompatibilidades entre o grau de desenvolvimento da estrutura social e a natureza do pensamento científico. As incompatibilidades, quando existem, revelam-se de outra forma: se a estrutura social não comportar determinado nível de diferenciação econômica e cultural, pura e simplesmente não poderá assimilar as técnicas, os valores e as instituições científicos.[4] (F. Fernandes, 1977, p.68.)

É importante notar que o confronto entre o ISEB e a USP não se dava em torno de projetos societários diferentes, mas de estilos de trabalho intelectual: ensaísmo vs. rigor científico, orientação para o grande público vs. público acadêmico, um discurso em nome do povo vs. discurso de competência científica; critérios de avaliação ética vs. critério de avaliação universal.

Essa polêmica foi retomada após 1964 num debate travado na *Revista Civilização Brasileira* sobre a importância da tradição de ensaístas sociais na construção da teoria social (W.F. Santos, 1967). A posterior diluição do debate nos anos 70 em grande parte foi um subproduto da metamorfose intelectual de boa parte dos cientistas sociais que neste participaram. Como resultado do golpe de estado e do fechamento do ISEB vários de seus principais integrantes foram para o exterior, muitas vezes abandonando posições intelectuais anteriores, enquanto os cientistas sociais da USP assumiam posições cada vez mais engajadas.

Assim, Florestan Fernandes e outros membros de sua equipe, permanecendo no Brasil após o golpe e devendo confrontar de forma mais ou menos direta o regime militar, assumiram posições de militância que se distanciaram do discurso dos anos 50. Ainda assim o debate sobre a relação entre teoria social e realidade social, entre o cientista social e a militância política, embora não chegue a ser explicitamente reaberto, permeia ainda hoje, de certa forma, o conjunto das ciências sociais no Brasil.

Entre 1964 a 1969 o clima intelectual teve clara continuidade com o período anterior. Isto é, a radicalização política e os temas do início dos anos 60, embora frustrados em seus aspectos práticos pelo golpe militar, continuaram avançando dentro do âmbito específico dos produtores da cultura. Como coloca Roberto Schwarz, "... apesar da ditadura de direita existe uma relativa hegemonia cultural de esquerda dentro do país", (1970, p.37). Esta hegemonia existia, de acordo com Schwarz, no interior dos grupos de produção ideológica: estudantes, artistas, jornalistas etc., embora sem conseqüências políticas, já que os intelectuais se encontravam isolado tanto do poder como do povo.

A continuidade do clima intelectual até 1969 liga-se às próprias características do governo militar no seu primeiro período. Embora em 1964 tenha se instaurado uma importante máquina repressiva, as margens da liberdade de expressão permaneceram relativamente amplas. Do ponto de vista econômico, os primeiros anos do governo militar viram uma agudização da crise, o que levou a acreditar numa continuidade com a situação econômica do período anterior. Do ponto de vista político as lideranças permaneceram as anteriores ao golpe e a tendência no seio da esquerda foi igualmente de crescente radicalização.

Portanto, entre 1964 — momento do golpe militar —, e fins de 1968 — ano do Ato Institucional n.5 e do início do período que passou a ser chamado do "milagre econômico" —, a intelectualidade democrática brasileira ainda sob o estupor e rechaço do golpe não chegou a romper tematicamente com as questões que a esquerda colocava antes do golpe militar, ou desconfiar do surgimento de profundas transformações sociais.

Ainda assim surgem importantes foros de debate, entre os quais destacaram-se sobretudo a *Revista Civilização Brasileira* (1965-68) e, com vida mais curta e mais orientada ideologicamente *Teoria e Prática* (1967).[5] Nesse período é igualmente publicado o livro de Caio Prado Jr. *A revolução brasileira* (1967), possivelmente o trabalho mais importante da época no debate intelectual.

A partir do fim da década de 60, o "milagre econômico", a luta guerrilheira, a radicalização do regime militar e as novas realidades societárias que foram surgindo como que jogaram para escanteio boa parte dos personagens do período anterior, dando lugar ao cenário no qual se desenvolverá o Cebrap.

A originalidade do Cebrap

Como vimos anteriormente, o clima intelectual após o golpe de 1964 continuou centrado nos temas e debates anteriores, dentro de uma dinâmica de radicalização crescente. É verdade que no interior das ciências sociais já tinham se iniciado importantes modificações, com o surgimento de novos cursos de pós-graduação em ciência política, na UFMG em Belo Horizonte primeiro e no Iuperj, no Rio, depois, e a aparição de uma nova geração de cientistas sociais fortemente influenciada pelo ensino recebido na Flacso e nos Estados Unidos

Nesse contexto o Cebrap representou uma ponte muito particular entre a antiga geração de cientistas sociais pré-64 e aquela que se constituirá — como veremos adiante — com a expansão das ciências sociais na década de 70. Este papel foi construído tanto a partir da original bagagem intelectual como pela postura institucional dos fundadores do Cebrap.

Intelectualmente, os futuros membros do Cebrap estavam em condições de compreender que o Brasil entrava num novo ciclo de expansão capitalista que produziria profundas conseqüências econômicas e sociais. Frente à esquerda política, que continuava acreditando na incapacidade do regime militar de expandir as forças produtivas, e ao ufanismo da direita tecnocrática, os intelectuais do Cebrap estavam em condições de reconhecer a relevância do desenvolvimento econômico sem perder a consciência crítica proporcionada pelo marxismo clássico, que não dissociava o reconhecimento da capacidade de acumulação capitalista de seus eventuais impactos sociais negativos.

Sem dúvida o impressionante "milagre" econômico brasileiro, a rápida derrota e marginalização da esquerda clandestina e os óbvios indicadores de desigualdade social alimentaram e favoreceram o tipo de análise desenvolvida pelo Cebrap, que dispunha de fortes alicerces na formação e na obra passada de seus membros. Esta capacidade analítica se sustentou tanto na teoria marxista como numa atitude renovada em relação ao papel do cientista social. Embora desenvolvendo posições críticas e a defesa de valores como justiça social e democracia, as análises dos membros do Cebrap não procuram justificar estratégias partidárias específicas ou confundir-se com grupos ou classes sociais, afirmando a especificidade do conhecimento científico não subordinado a nenhuma doutrina ideológica ou linha partidária.

Ao não assumir a postura de "procurador" ou porta-voz da classe operária, do povo ou da nação, o Cebrap distancia-se claramente tanto da tradição leninista como isebiana, refletindo uma postura mais "moderna", na qual cada classe, grupo ou movimento social teria uma capacidade própria de representação.Assim, num contexto em que amplos setores da intelectualidade estavam engajados na resistência ao regime militar e na defesa de valores democráticos e de justiça social, o Cebrap não pretendeu em momento algum se transformar em centro formulador de doutrinas ou ideologias, sendo seu impacto político dado pela capacidade de oferecer sólidas análises do contexto social e político do país.

A formação do Cebrap não só possibilitou a aglutinação de uma massa crítica de diferente *background* acadêmico, como permitiu também dar continuidade a uma série de esforços e projetos intelectuais começados antes de 1969 e interrompidos em decorrência da situação política que atravessava o país. Pode-se dizer que, neste sentido, o Cebrap funcionou como uma espécie de ponte e de "filtro" geracional. Claro está que a coexistência, no Cebrap, de diversas orientações e gerações não esteve isenta de conflitos ou tensões surgidas, não apenas devido a diferenças de ordem teórica ou ideológica, mas também, como conseqüência da própria organização interna da instituição e de suas formas de distribuição e administração do poder decisório.

De certa forma o Cebrap representou um modelo que foi reproduzido em outros países latino-americanos com regimes militares. Ainda assim o Cebrap parece diferenciar-se desses casos tanto ao nível interno como pelo contexto externo. Internamente, por estar formado por um grande núcleo de intelectuais no auge de sua carreira intelectual, e com relativo grau de homogeneidade; em relação ao contexto externo, o regime autoritário brasileiro distingue-se, como veremos, das outras ditaduras do Cone Sul da época, por ter incentivado o desenvolvimento institucional e expansão das ciências sociais.

III. Período formativo (1969-1971)

Surgimento da idéia

A idéia de organizar um centro de pesquisa e debate que permitisse superar uma série de constrangimentos ligados ao clima acadêmico que se vivia na USP tinha surgido bem antes das cassações produzidas pelo Ato Institucional n.5, até certo ponto antecipando a eventualidade de expurgos nas universidades. Em 1966-67, ainda no Chile, Fernando Henrique Cardoso havia discutido com Carlos Estevam Martins e Vilmar Faria, que ali se encontravam trabalhando na Flacso e no ILPES, a possibilidade de formar um centro de pesquisas, fosse reativando o antigo CECID no interior da USP, fosse criando um novo centro.

Em 1968, já no Brasil, realizaram-se várias reuniões na Faculdade de Higiene em São Paulo, visando a criação de um núcleo de pesquisa que servisse de base para a organização do centro, o que explica inclusive por que o Cebrap seria integrado por professores não cassados, como J.B. Lopes e Cândido Procópio Ferreira Camargo, ligados à idéia original de criação de um centro de pesquisa. Em dezembro de 68 viria o AI-5. As cassações que se sucederam em abril de 69 não só acelerariam o processo de constituição de um instituto de pesquisas — pois caso contrário, sair do país era a única alternativa profissional —, como também serviriam para ampliar o grupo original de maneira a integrar os intelectuais afetados pelas medidas do governo. Imediatamente predominou entre os participantes das reuniões preliminares o princípio de que o centro a ser criado deveria acolher a todos os que tivessem sido atingidos pela repressão.

Existia, então, de acordo com um entrevistado, uma espécie de "consenso no sentido de que pessoas que tinham sido cassadas possuíam quase que um direito automático de ingressar no Cebrap". Sob este ponto de vista, pelo menos, pode-se dizer que os integrantes do Cebrap foram escolhidos "a dedo" pelo próprio governo. Obviamente nem todos os aposentados compulsoriamente pelo regime militar chegaram de fato a integrar-se no Cebrap, por diversos motivos, apesar de convidados.

Depois de alguns encontros, o Cebrap foi fundado em 3 de maio de 1969. Na ata de constituição 27 pessoas constavam como fundadoras do instituto, que, sob a presidência de Cândido Procópio Ferreira Camargo, começou a funcionar numa casa da rua da Bahia, em São Paulo. Por decisão da assembléia o número de sócios fundadores seria ampliado em 1971 para 72 (Relatório Cebrap, 1971).

No clima de repressão e medo que se vivia no final da década de 60, dois fatos importantes contribuíram para a sobrevivência imediata e consolidação do Cebrap: em primeiro lugar, a ajuda financeira da Fundação Ford, e, em segundo, os vínculos estratégicos que a instituição, através de alguns de seus membros, conseguiu manter com setores mais liberais do empresariado, da classe política, da Igreja e da intelectualidade em geral, sobretudo em São Paulo. Vejamos o primeiro ponto.

Paralelamente a discussões que se desenvolviam em São Paulo para definir as bases do centro, realizaram-se esforços no sentido de conseguir suporte econômico que viabilizasse sua existência através de apoios de empresários, sem resultados. De início era necessária uma quantia considerável para montar a infra-estrutura mínima e garantir de imediato o salário dos pesquisadores associados. As possibilidades de angariar recursos para este fim eram reduzidas, a nível estadual, e quase nulas, a nível federal. Decidiu-se, então, sondar a possibilidade de a Fundação Ford vir a colaborar no projeto. As conversações mantidas no Rio por Fernando Henrique Cardoso culminaram na promessa da Ford de conceder 100 mil dólares como primeiro passo para deslanchar as atividades do Centro. Desde o início, Cândido Mendes prestou seu apoio e colocou à disposição sua estrutura institucional para que o Cebrap pudesse receber apoio financeiro, mas este não chegou a ser utilizado.

Desde 1969 e até 1976, a vida financeira do Cebrap estaria, em grande parte, ligada às doações daquela instituição. Mesmo assim, nunca foi suficiente para cobrir todos os gastos nem para eliminar o elevado grau de incerteza econômica a que estiveram sujeitos seus membros ao longo do período. Como veremos, o fato de o Cebrap não ter assegurado seu futuro financeiro a longo prazo e, pelo contrário, ser forçado a investir constantemente parte de seu tempo e esforços na renovação de fontes já existentes ou na procura de outros apoios, complicará sua dinâmica científica e institucional.

Quando a notícia da disposição da Ford de apoiar o Cebrap chegou a São Paulo, desencadeou uma intensa polêmica em torno da conveniência de aceitá-la ou não. Alguns manifestaram receio diante do significado político e mesmo moral que a aceitação do dinheiro dessa instituição poderia ter naquele momento, e das possíveis restrições de ordem intelectual que este tipo de vínculo poderia acarretar para os membros do Centro. O impasse foi superado a partir de uma proposta da própria Ford, através de seu representante no Brasil, William Carmichael: dar apoio institucional desvinculado de qualquer exigência que significasse imiscuir-se na avaliação ou julgamento dos projetos apresentados.

Bolivar Lamounier, que na época tinha um certo trânsito junto à Fundação e que pouco depois passaria a integrar o Cebrap, desempenhou um papel de intermediário nas negociações. Enfim, a solução encontrada foi considerada satisfatória pela maioria, embora alguns tenham optado, em função disso, por dissociar-se do projeto. Octávio Ianni, que no início não participou da criação do Cebrap — pois se opunha ao financiamento da Ford —, veio, um ano depois, integrar-se; já Florestan Fernandes não aceitou o convite.

Dentre as primeiras propostas de pesquisa apresentadas à Fundação Ford pelo Cebrap, duas já tinham sido iniciadas anos antes na USP, no Centro de Estudos de Dinâmica Populacional criado em 1966 e onde trabalhavam, além de Elza Berquó, Paul Singer e Cândido Procópio Ferreira Camargo: uma delas era um estudo sobre população e outro um levantamento sobre fecundidade em São Paulo. Desde essa época esses projetos já vinham sendo financiados pela Fundação Ford. Portanto, para a instituição norte-americana o apoio a esta linha de pesquisa no Cebrap representava também uma forma de dar continuidade a investigações numa área considerada prioritária.

No Cebrap os estudos demográficos e de população chegariam a expandir-se consideravelmente, a ponto de absorver boa parte de seus recursos materiais e humanos. A excessiva importância que assumiu essa área teve, como se verá, repercussões importantes na história do Cebrap, criando conflitos internos e opiniões divergentes a respeito de seus resultados.

O segundo fator que contribuiu para que o Cebrap conseguisse arraigar-se num contexto de condições particularmente adversas foram os vínculos que alguns de seus membros tinham com os setores liberais da elite — sobretudo paulista (entre os empresários — todos com forte orientação intelectual — destacam-se os nomes de José Mindlin, Celso Lafer, Oswaldo Gusmão, P. Farkas e, entre os políticos, Paulo Egídio e Severo Gomes). Em 1970 Frank Bonilla, num memorando escrito na qualidade de consultor da Fundação Ford, manifestava a impressão de que o Cebrap não seria atingido pela repressão política precisamente devido a seus vínculos "bastante diversificados, tanto ao nível dos indivíduos como ao nível de relações com instituições".

Entre os primeiros apoios recebidos pelo Cebrap, deve-se destacar a importância daquele oferecido, por segmentos empresariais e por economistas da Fundação Getúlio Vargas, artistas, advogados, jornalistas e políticos, muitos dos quais foram consultados pela Fundação Ford a respeito da viabilidade de um instituto como o Cebrap sustentar-se nas condições do momento; suas opiniões pesariam certamente na decisão final da Ford, ao mesmo tempo em que significavam, desde já, um respaldo político tácito. No mesmo sentido as ligações propiciadas, sobretudo por Cândido Procópio, com figuras importantes da Igreja em São Paulo serviriam também para diminuir o isolamento do Cebrap, tornando-o desta forma menos vulnerável à ação repressiva do governo.

Partindo de uma percepção clara dos limites que o momento político impunha, o Cebrap definia seus objetivos orientando-os basicamente para a realização de atividades de pesquisa. Além disso, o Centro deveria cumprir funções correlatas, as quais, embora "... possam parecer óbvias ou reiterativas, no contexto atual da vida universitária e científica no Brasil, são quase ou tão importantes quanto a própria pesquisa", consistiam: "a) aglutinar cientistas sociais; b) criar contatos com instituições similares; c) estimular o diálogo e o trabalho interdisciplinares reunindo profissionais de variada formação profissional, e d) criar condições para que os cientistas sociais pudessem levar adiante seus projetos de pesquisa porventura interrompidos" (Cebrap, Relatório 1970, p.1 e 2). A função formativa ou propriamente docente, mesmo que reconhecida sua importância, não poderia ser efetivada nos primeiros anos, já que poderia "provocar restrições das autoridades governamentais" (Cebrap, Relatório 1974, p.3).

A criação do Cebrap portanto não esteve ligada somente às injunções conjunturais, mas também à preocupação de implementar novos métodos de trabalho visando superar a compartimentalização do conhecimento e os "constrangimentos" da estrutura universitária tradicional. Desde sua fundação em 1969, o Cebrap procurou estimular o trabalho coletivo e, sobretudo, o debate e a abordagem interdisciplinares dos temas estudados. No entanto, esta tendência não foi apenas fruto das demandas geradas ao nível do próprio conhecimento científico: foi, em boa medida, provocada também pelo caráter interdisciplinar do staff e os projetos de pesquisa comum da instituição.

Recrutamento do staff

O núcleo inicial do staff de pesquisadores seniores do Cebrap, era constituído por sete integrantes: Juarez Brandão Lopes, Fernando Henrique Cardoso, Paul Singer, Elza Berquó, Cândido Procópio

Ferreira Camargo, José Artur Giannotti e Octávio Ianni, este último a partir de 1970. O perfil acadêmico desses membros fundadores apresentava certas características comuns, o que os tornava um grupo relativamente homogêneo. Por um lado, quase todos eles, cinco ao todo, tinham participado do Seminário de Marx; os sete tinham-se formado e/ou exercido atividades docentes na Universidade de São Paulo e, com uma única exceção, mais concretamente na Faculdade de Filosofia, Ciências e Letras. Havia uma nítida predominância dos formados em sociologia (4) sobre os de outras áreas: economia/demografia (1), estatística/demografia (1), filosofia (l). Todos obtiveram o título de doutor antes de 1967 e, quando em 1969 convergem no Cebrap com interesses intelectuais claramente definidos, ostentam, além de uma ampla experiência profissional, uma produção acadêmica já amadurecida.

É importante salientar que a coesão inicial deste grupo se deveu menos à convergência teórica do que a afinidades de natureza geracional e aos vínculos criados no contexto de uma tradição acadêmica específica, vínculos estes que seriam reforçados pelo clima político da época, o qual estimulou o sentimento de solidariedade entre os membros e tendeu a minimizar, pelo menos temporariamente, suas diferenças.

Francisco Weffort e Boris Fausto, que tiveram, como veremos, participação importante no desenvolvimento de estudos sobre a classe operária nos primeiros anos do Cebrap, não chegaram a integrar-se ao staff permanente. O mesmo vale, nesse período, para outros pesquisadores ligados ao estudo da classe operária: Regis de C. Andrade, Luis Werneck Vianna, Fabio Munhoz e Maria Herminia Tavares de Almeida.

Além do “núcleo original”, o staff permanente seria acrescido nos primeiros anos de vida do Cebrap com a inclusão de mais cinco cientistas sociais cassados pelo regime: Francisco de Oliveira e Bolívar Lamounier em 1970, Vilmar Faria e Carlos Estevam Martins em 1971, e Vinicius Caldeira Brandt em 1974. A partir dessa data, na década de 70, o grupo não será ampliado, a não ser pela chegada de José Serra, líder estudantil exilado que trabalhava como economista no Chile; e, pelo contrário, sofrerá “baixas” a partir de 1976.

A "segunda geração" apresenta um perfil diferente daquele dos fundadores. Em primeiro lugar, trata-se de um grupo de pessoas mais jovens, em sua maioria trazidos por Fernando Henrique Cardoso, e cuja produção acadêmica de maior peso se daria nos anos seguintes a seu ingresso no Cebrap. Muitos estavam em início de carreira: Carlos Estevam Martins acabava de defender sua tese de doutorado (1969); Vilmar Faria e Bolívar Lamounier o fariam depois, já dentro do Cebrap, em 1973 e 1974, respectivamente.

Todos três tiveram vínculos acadêmicos ou intelectuais com Belo Horizonte. Carlos Estevam Martins trabalhou junto com o grupo do Departamento de Ciência Política da UFMG, que continuava a tradição de sociologia eleitoral iniciada por Orlando de Carvalho através da *Revista Brasileira de Estudos Políticos*, e Bolívar Lamounier e Vilmar Faria cursaram a licenciatura na Faculdade de Ciências Econômicas da UFMG, onde seriam expostos a um "marxismo re-elaborado pela tradição católica" e a literatura do ISEB em voga.

Os três fizeram, igualmente, cursos de pós-graduação no exterior (EUA e Inglaterra), onde as influências recebidas foram consideradas um tanto difusas. Isso, porém, significou a assimilação "de um certo padrão de trabalho científico" e a preocupação com temas de cunho especificamente político: democracia, eleições, partidos etc. Para Carlos Estevam Martins, sua passagem por centros acadêmicos norte-americanos e pela Universidade de Essex na Inglaterra significaria de fato "perda de contato com a análise histórica e marxista", o que só seria retomado no Cebrap.

A experiência universitária e profissional de Francisco de Oliveira já era outra: formado na área de ciências sociais pela Universidade de Recife em 1956, com passagem pela Sudene e realizando a maior parte de seus trabalhos nas áreas de planejamento e economia regional, com marcado interesse pelo Nordeste. Finalmente Vinicius Caldeira Brandt, recrutado em 1974, ligado anteriormente à luta guerrilheira, havia recentemente saído da prisão, onde fora torturado.

Trajetória Acadêmica dos Membros do Cebrap*

Qüinqüênio de nascimento	1920-25	25-30	30-35	35-40	40-45
	3	3	4		4

Instituição do último título acadêmico	USP	EUA	Outras Inst. Brasil	França
	6	5	2	1

Instituição anterior (ou paralela) ao Cebrap	Iuperj	USP	Consultoria int.	Outros centros de ensino superior no Brasil	Não identificados
	2	8	1	2	1

* Incluídos: Bolívar Lamounier, Cândido Procópio Ferreira Camargo, Carlos Estevam Martins, Elza Berquó, Francisco Weffort, Francisco de Oliveira, José Arthur Giannotti, José Serra, Juarez Brandão Lopes, Octávio Ianni, Paul Singer, Vilmar Faria, Vinicius Caldeira Brandt, Fernando Henrique Cardoso.

Em relação à tradição da USP de recrutar quadros docentes entre seus próprios alunos, o Cebrap foi indubitavelmente inovador: nenhum membro da nova geração estudou ou nasceu em São Paulo. A integração deste novo grupo no Cebrap não seria feita sem conflitos. Por um lado, tratava-se de intelectuais que não eram de São Paulo e que não tinham passado pela experiência da USP. Encontrariam dificuldades para se relacionar com os hábitos, códigos, enfim, com o complexo quadro de referências acadêmicas e pessoais da USP herdado pelo Cebrap através de seus fundadores.

O ambiente do Centro seria inicialmente percebido, de acordo com nossos entrevistados, como demasiado "pesado", "catedrático", "rigidamente hierarquizado" e, embora "... estimulante e de alto nível intelectual, não deixava de ter um impacto paralisante pela aura de prestígio que acompanhava a geração mais velha formada na USP". Para quem não só acabava de chegar mas também não tinha saído ainda do anonimato acadêmico, as possibilidades de obter um certo reconhecimento intelectual por parte de seus pares eram, dentro da estrutura elitista do Cebrap, muito limitadas, ainda que pertencer à instituição significasse grande prestígio frente ao resto da comunidade acadêmica. Mas no seio do Cebrap precisava-se, primeiro, "fazer um nome para logo barganhar".

Este relativo fechamento que "capitalizava o prestígio na cúpula" teria conseqüências negativas no esforço de dar continuidade à instituição, dificultando a integração e a permanência do pessoal mais jovem. Para os entrevistados, as dificuldades de relacionamento não se deviam apenas a divergências de natureza ideológica ou estritamente intelectual, sendo fruto, em grande parte, do "mandarinato", da "força da cátedra", enfim, do "estilo USP" herdado pelo Cebrap, que fazia com que "os mais seniores se considerassem com direito a dirigir os mais jovens".

Além do staff permanente, o Cebrap contou ao longo do tempo com a participação de um número considerável de pessoas integradas em diversas equipes de trabalho na condição de pesquisadores juniores, pesquisadores associados, assistentes de pesquisa, bolsistas e estagiários. Diante da relativa estabilidade do staff permanente, este grupo contrastava pela sua alta rotatividade. O processo de recrutamento do pessoal júnior não seguiu pautas ou diretrizes que obedecessem a uma política prefixada nesta área. A partir da existência de vagas em determinadas pesquisas é que se contratavam pessoas por um tempo determinado, em geral curto. Na época, para os estudantes de ciências sociais, um estágio no Cebrap era sinal de prestígio.

Em razão das afinidades intelectuais e dos vínculos pessoais desenvolvidos no decorrer da própria pesquisa, alguns pesquisadores conseguiram incorporar-se na execução de novos projetos e assim prolongaram sua permanência no Centro por mais um tempo. De todo modo, o vínculo empregatício da maioria das pessoas desse nível era bastante frágil e sujeito a um elevado grau de incerteza, dado que as perspectivas de passar à categoria de pesquisador sênior eram praticamente nulas. Assim, com o correr do tempo, a quase totalidade desses pesquisadores acabou deixando o Cebrap, integrando-se em geral à vida universitária.

Além do envolvimento nos projetos de pesquisa específicos, resulta difícil precisar a participação do pessoal júnior na dinâmica intelectual do Centro. Observando a lista de conferencistas, constatamos que são poucas as ocasiões em que membros dessa categoria aparecem como expositores. É de supor que o clima desses debates acabava tendo um certo efeito paralisante e inibidor entre os mais jovens.

Organização interna

A característica que mais sobressaía na organização interna do Cebrap na década de 70 era a inexistência ou o não-funcionamento de estruturas formais de tomada de decisões. Na sua criação formou-se um Conselho integrado por "notáveis" das ciências sociais e áreas afins, que teve, como é geralmente o caso, papel decorativo. Dentro da instituição inexistiam mecanismos de representação dos diferentes tipos de pesquisadores ou um órgão executivo formalizado, além da função de presidente.

Entre 1969 e 1984 os presidentes do Cebrap foram C. Procópio, J.B. Lopes, F.H. Cardoso e J.A. Giannotti. Na prática sua direção, na década de 70, esteve a cargo de uma *troika*, da qual participavam, dependendo do momento, Fernando Henrique Cardoso, Juarez B. Lopes, Paul Singer, Cândido Procópio Ferreira Camargo e José A. Giannotti. Ao lado dessa instância de poder havia, da mesma forma que em qualquer outra organização, uma hierarquia difusa de posições de poder intelectual e institucional. Dentro dessa hierarquia, nos primeiros anos do Cebrap, o grupo sênior da USP exercia um poder que dificilmente ousava-se questionar.

Ao nível intelectual certos membros ocuparam posições de particular evidência. Destaca-se o caso de José Arthur Giannotti, pensador brilhante e único filósofo do Centro que exercia um papel de superego teórico, guardião da ortodoxia para uns, incentivador e fonte de inspiração teórica para outros. A figura que maior espaço ocupava no Cebrap era indubitavelmente Fernando Henrique Cardoso. A qualidade e a diversidade de sua obra, aliada ao carisma pessoal e à ampla e variada gama de relacionamentos no Brasil e no exterior, fizeram dele o pivô da instituição. Era sem dúvida o integrante de maior renome nacional e internacional, mantendo uma clara liderança entre os mais jovens e relações variadas e ricas com os membros de sua geração.

A concentração de poder na cúpula — apesar da abertura pessoal de alguns de seus membros — se refletia na definição dos rumos da pesquisa e dos temas a serem privilegiados em detrimento de outros que encontravam certa dificuldade para serem legitimados. Mas a situação passou a mudar à medida que o segundo grupo de recrutados do staff permanente consolidava seu prestígio intelectual e reivindicava uma participação efetiva nos órgãos decisórios. Assim, sem perder sua feição hierarquizada, a estrutura do Cebrap foi flexibilizando-se e passou a funcionar como um corpo colegiado, tornando-se aos poucos, nas palavras de um de seus membros, "uma oligarquia aberta".

Entre os esforços de criar novos padrões de relacionamento procurou-se expandir o Conselho Técnico Científico, inicialmente constituído apenas pelos fundadores, de maneira a integrar também vários membros que tinham ingressado posteriormente. Em 1974 o Conselho, formado por dez pessoas, já registra os nomes de Francisco de Oliveira, Vilmar Faria e Bolivar Lamounier.

De certa forma o Cebrap refletiu na sua organização interna o imobilismo produzido pela vontade de não reproduzir a antiga estrutura hierárquica da USP sem, ao mesmo tempo, apresentar uma disposição clara e definida de orientar-se para formas mais representativas de organização. Esta situação, caracterizada por falta de regras precisas, terminou tendo repercussões negativas, em virtude da incapacidade de integrar em forma plena os novos elementos ascendentes dentro do Centro, cuja frustração provinha tanto do alijamento do poder como da falta de autonomia na negociação de projetos de pesquisas.

IV. Consolidação e maturidade (1971-1978)

O período que se estende entre 1971 e 1978 pode ser tratado como uma unidade, na medida em que o Cebrap conseguiu manter seu dinamismo e proeminência, embora tivesse importantes momentos de inflexão e mudança. Consideramos 1971 como data inaugural desse período, pois foi nesse ano que o Cebrap deu início a suas publicações.

Do ponto de vista do contexto societário são claramente definíveis duas fases diferentes. A primeira corresponde ao governo Médici, até 1974, um período de repressão política e de milagre econômico, de expansão do proletariado industrial e das classes médias e de desarticulação da sociedade civil, de derrota político-militar da esquerda revolucionária e de enfraquecimento das oposições, de censura cultural e de resistência intelectual e artística, de cooptação prática das classes médias pelo *way of life* consumista acoplado muitas vezes a um espírito crítico frente ao regime militar, de isolamento e repressão da vida universitária e de superdimensionamento pelos governos autoritários de sua importância política, ao mesmo tempo que apoiava a expansão do sistema de ensino superior e de pesquisa.

A segunda fase, de 1974 a 1979, correspondente ao governo Geisel, de revitalização das oposições aglutinadas no Movimento Democrático Brasileiro (MDB), de abertura política controlada, num contexto em que a economia começava a apresentar os primeiros sintomas que se transformarão no final da década em crise inflacionária e recessão. Nesse ambiente começam a se reagrupar as antigas organizações de esquerda, surgindo uma nova liderança sindical.

A Igreja assumiu, neste processo, um importante papel de proteção e incentivo aos movimentos populares, e de forma crescente, setores das mais variadas camadas sociais passaram a exigir o fim do regime militar. Tem início assim o processo de abertura que o regime militar conseguirá controlar, mas não refrear.

Essas duas fases podem ser encontradas dentro do Cebrap, embora com certa defasagem. De fato, o ápice da repressão foi vivido pelo Centro no início do governo Geisel. Primeiro, com a prisão de vários pesquisadores e o interrogatório policial de praticamente todos os membros do staff; e depois, com uma bomba que estourou no prédio da rua da Bahia, o que assinalou o ponto alto e, de certa forma, o início do fim da repressão ativa contra o Centro. (Estes atos de repressão deram lugar à única tentativa de comunicação direta entre o Cebrap e o regime: uma carta dirigida pela direção do Centro, através do ministro Severo Gomes, ao presidente Ernesto Geisel, denunciando a perseguição sofrida.) Que tais perseguições tenham acontecido no início da abertura não foi casual, expressando tanto a vontade do regime de alertar as esquerdas de não se "aproveitarem" da abertura, típica do estilo de abertura da repressão seletiva que caracterizou os anos Geisel, assim como a ação autônoma dos aparelhos paramilitares.

A necessidade de maior espaço físico, acompanhada do temor de novos atos terroristas, levou o Cebrap, na segunda metade da década de 70, a instalar-se num andar alto de um grande prédio perto da avenida Paulista, num ambiente mais "frio" que o casarão da rua da Bahia. Assim, quando a sociedade voltava a fluir e os membros do Cebrap a aumentar suas atividades fora da instituição, o Centro se isolava fisicamente.

A mudança no quadro político teve um impacto diverso nos diferentes níveis de vida da instituição. Ela gerou novas orientações temáticas e preocupações intelectuais que modificaram as relações entre o staff e a instituição. Na memória dos pesquisadores, o período de 1971 a 1975 permanece como o período heróico, de resistência e consolidação da vida interna do Centro, de grande dedicação ao trabalho de pesquisa e de centralidade existencial do

Cebrap. De 1975 em diante a instituição passa a ser uma espécie de plataforma a partir da qual se consolidaram outros empregos, aumentando a participação intelectual e política de seus membros, que, ao mesmo tempo, tornam mais frágeis seus vínculos com a instituição.

As influências das mudanças políticas sobre o trabalho intelectual se refletem, no primeiro período, no predomínio dos trabalhos de corte estruturalista, que expressam o engessamento da vida política, enquanto no segundo período os interesses de pesquisa se voltam para temas que tratam dos movimentos sociais, o novo sindicalismo, eleições e conjuntura política.

A pesquisa e seu financiamento

A pesquisa no Cebrap foi o principal veículo de financiamento da instituição. Na prática isto significou que os objetos de pesquisa nem sempre acompanharam os temas de interesse dos membros do Centro. Ainda que, como veremos, uma avaliação ponderada da importância da pesquisa realizada pelo Cebrap no desenvolvimento intelectual de seus membros não possa ser considerada como negativa, é facilmente discernível que grande parte dos trabalhos de maior impacto realizados pelo Cebrap geralmente guardam muito pouca relação com as pesquisas nas quais os autores estavam engajados. Isto sem considerar casos-limite de pesquisadores que consideram que o engajamento em pesquisas determinadas por pressões financeiras, significou para eles uma perda real na sua vida intelectual. Mais ainda quando os projetos de pesquisa eram negociados pela diretoria, que mantinha sempre a capacidade de "filtrar" os projetos propostos pelo staff de acordo com uma ordem própria de prioridades.

Se considerarmos o quadro seguinte, veremos que quase 50% das pesquisas foram realizadas nos itens de Imigração e Demografia e de Urbanismo.

Pesquisas realizadas pelo Cebrap (por tema e ano)*

	69	70	71	72	73	74	75	76	77	78	79	80	81	TOTAL
Estado, sistema político brasileiro e políticas publicas				1	1		2	3	2	2			1	11
Modelo Econômico		1		1				2	2	4	1		1	12
Imperialismo e dependência na América Latina									1	1			1	3
Classe operária	1									1			2	4
Imigração e demografia	2		1	3	4	2	3	3	7		1		2	28
Urbanismo	1	4	3	6	1	5	2	2	2	1		1		28
Colonização, estrutura agrária e agroindústria			1		2	1		3	3	3	4			17
Teoria econômica e política														—
Igreja e movimentos sociais		1		2				1			2			6
Outros **			3	2		3		2	1			1	2	14
TOTAL	4	6	8	15	8	11	7	16	18	11	8	2	9	123

* 1969/81 inclui pesquisas e assessorias realizadas diretamente pelo Cebrap: pesquisas "vendidas" e, portanto, às vezes, superpostas.

** Inclui temas de interesse "menor", em particular educação, marketing e saúde, ou difíceis de catalogar por seu caráter interdiciplinar.

Na verdade, o quadro acima, organizado a partir do conteúdo explícito do tema da pesquisa, não identifica claramente o tema "guarda-chuva" que originou o financiamento. Por exemplo, parte importante das pesquisas tanto sobre urbanismo como sobre colonização e estrutura agrária foi realizada para o programa de pesquisa sobre demografia.

Desde a criação do Cebrap foi se gestando um conflito em torno da importância que se deveria dar aos estudos demográficos — isso, em função da ampla disponibilidade de recursos internacionais para esta área.

O encontro de Embu, em 1973, foi uma reunião do conjunto dos pesquisadores do Cebrap que funcionou como uma espécie de psicodrama catalisador das tensões internas em torno das posições que defendiam um projeto de pesquisa demográfica de amplo alcance (Elza Berquó, C. Procópio) e dos que, ao contrário, situavam-se a favor de um Cebrap "artesanal" (F.H. Cardoso, Vilmar Faria e Juarez Brandão Lopes), salientando a necessidade de uma atitude crítica em relação "... aos modos pelos quais selecionamos nossas pesquisas, aos métodos que utilizamos nelas, às teorias que as informam e à relevância mais geral (política em sentido amplo) dos temas abordados" (F.H. Cardoso, Documento Interno, n.d., p.2). Eis aqui o cerne da crítica dirigida ao projeto demográfico: a desproporção entre seu caráter superdimensionado e os frutos teóricos que poderiam ser esperados. Por outras palavras, enveredar nessa direção significaria envolver quase todos os recursos humanos e materiais do Centro por "um período muito longo num projeto de discutível importância intelectual" (idem).

Apesar das discussões, o projeto demográfico em "grande escala" consolidou-se e passou a definir em boa parte os rumos da pesquisa no Cebrap entre 1971 e 1976. Durante essa fase o trabalho se organizou em função de grandes projetos — pesquisa de Salvador, pesquisa nacional de reprodução humana e pesquisa para o Banco Interamericano de Desenvolvimento/BID —, que no seu conjunto geraram consideráveis recursos financeiros e mobilizaram praticamente todos os membros da instituição.

Essas pesquisas produziram farto e valioso material quantitativo — trabalhado com sofisticadas técnicas estatísticas —, que em grande parte nunca chegou a ser elaborado academicamente, embora, em certos casos, tenha sido útil para outros trabalhos. Foi o caso do livro *São Paulo 1975: crescimento e pobreza* (Camargo, 1976), que nasceu de uma pesquisa sobre população. Da mesma maneira, o projeto sobre o Pará, inicialmente voltado para a análise de problemas demográficos, daria origem a um intenso debate em torno da questão agrária que, finalmente, se traduziria na publicação de uma série de estudos sobre a Amazônia.

Como já apontamos, a polêmica a respeito da pesquisa demográfica referia-se, fundamentalmente, à necessidade de se harmonizar reflexão teórica e pesquisa empírica. A opinião da maioria dos entrevistados coincide ao afirmar que, visto o problema em perspectiva, os resultados práticos não foram ruins para a instituição, embora a percepção de alguns, em particular Bolívar Lamounier, tenha sido muito mais negativa. Para os críticos, a pesquisa demográfica teria obrigado muitos dos membros do Cebrap a entrar em temas nos quais não estavam particularmente interessados, exaurindo as energias do Centro e produzindo um certo marasmo intelectual que acabaria por se refletir negativamente na produção teórica.

De fato, a inevitável tensão entre pesquisa empírica e produção teórica expressava também o debate em torno de privilegiar ou não certos temas considerados "quentes", por serem de natureza mais abrangente e de maior significação política (por exemplo, movimentos sociais), em oposição a outras questões tidas como "frias", por serem de foco restrito e alcance político difuso (por exemplo, fertilidade, população etc.).

Seguramente uma avaliação equilibrada das causas que levaram a enfatizar estes últimos temas em detrimento de outros deverá levar em conta a própria realidade que vivia o país na época do "milagre" e o medo da repressão. Assim, questões mais específicas sobre a estrutura de classes e o processo político foram pouco exploradas, embora no início da década tenha se formado em torno do trabalho de Francisco Weffort e Boris Fausto um núcleo de estudos sobre a classe operária. Este grupo logo se dissolveu, para, anos depois, vários de seus membros constituírem parte ponderável de um novo centro de pesquisas: o Centro de Estudos de Cultura Contemporânea/CEDEC.

Além das pesquisas de grande porte, os membros do Cebrap tiveram que se engajar, de maneira individual ou em pequenos grupos, em numerosos trabalhos de assessoria e na realização de levantamentos para empresas particulares ou para o governo do estado. Procurava-se, desta maneira, complementar o orçamento insuficiente da instituição. Em 1973, por exemplo, de "uma receita total de cerca de 2,19 milhões de cruzeiros, 1,29 milhão, ou seja, 59%, proveio de doações para atividades científicas e 0,84 milhão, ou 38%, de pagamentos por serviços" (Cebrap, Relatório 1973, p.6).

Observando o quadro das pesquisas realizadas pelo Cebrap desde sua fundação até 1981 constatamos que o maior número se concentra entre 1974 e 1978, com uma média de 13 pesquisas por ano contra oito e seis dos períodos 1969-73 e 1979-81, respectivamente. Isto se deveu em parte a um marcado decréscimo nas contribuições da Fundação Ford, as quais, depois de representarem 43% do orçamento global em 1973, caíram para 28% no ano seguinte, até desaparecerem em 1976, embora entre 1975 e 1979 o Cebrap tenha recebido uma doação (*endowment*) da Ford de US$750.000, o que lhe permitiu adquirir uma sede própria e uma propriedade geradora de renda.

Os trabalhos de assessoria foram responsáveis em grande parte pelo elevado número de pesquisas que se observa no período e pela alta incidência de temas relativos a imigração, demografia e urbanismo, que, no seu conjunto representam quase 50% do total de pesquisas realizadas entre 1969-81, seguidos à distância pelos estudos de colonização, estrutura agrária e agroindústria (13%), modelo econômico brasileiro (9%) e, finalmente, Estado e sistema político brasileiro (8%).

A Pesquisa Nacional de Reprodução Humana financiada pelo BID iniciou-se em Salvador e, posteriormente, passou a ser realizada a nível nacional. Teoricamente ela procurou criticar a demografia malthusiana, tentando unir mais intimamente a demografia às ciências humanas. A pesquisa empírica desejava mostrar como os diferentes comportamentos reprodutivos poderiam ser relacionados às lógicas de reprodução das classes sociais e dos modos de produção dominantes em microrregiões.

Os impasses conceituais, associados a uma visão bastante estreita do que seriam modos de produção, geraram algumas notas interessantes, inclusive por pesquisadores não orientados para a demografia, como Francisco de Oliveira, Bolívar Lamounier e José A. Giannotti, porém sem ligação particular com os dados gerados pela pesquisa. Foi outra grande pesquisa, realizada na cidade de Salvador, sobre o tema de marginalidade e pobreza urbana que produziu, conjuntamente com as pesquisas sobre a agricultura, os textos que mais harmonicamente combinam elaboração teórica e dados de trabalho de campo.

A necessidade de ajustar-se às demandas do mercado — dedicando um tempo considerável à realização de inúmeras pesquisas sobre temas considerados não-prioritários do ponto de vista das preocupações intelectuais dos membros do Cebrap, criava sérias limitações para o desenvolvimento da produção teórica. Num texto para discussão interna elaborado em 1973, Fernando Henrique Cardoso já manifestava sua preocupação com o fato de que essas atividades, além de ocuparem "demasiado tempo de poucas pessoas", nem sempre eram institucional ou intelectualmente rentáveis. Para resolver o problema, propunha que se tomassem três medidas: primeiro, evitar ao máximo possível as "assessorias individuais ou eventuais que rendem nada ou quase nada", fazendo com que esse tipo de atividades fosse um desdobramento das grandes pesquisas; segundo, analisar com critérios financeiros rígidos a rentabilidade desses empreendimentos e, terceiro, envolver um número maior de pessoas na realização dos mesmos (Cebrap, "Estratégia e organização, notas para discussão interna", 1973, p.13).

No depoimento de um dos membros seniores, que não simpatizava particularmente com estas pesquisas, ele reconhece que: "Apesar da constante frustração que elas geravam, no contexto do relativo isolamento em que o Cebrap viu-se obrigado a funcionar na fase dura do regime, as pesquisas por encomenda representavam uma via de aproximação com a realidade social e econômica, fazendo com que se tomasse consciência do quanto ela tinha mudado e da necessidade de elaborar novos instrumentos conceituais para apreendê-la."

Para poder negociar financiamentos internos no Brasil, o Cebrap criou um outro instituto de pesquisa para receber contratos em que não aparecesse o nome do Centro, e com o tempo, as fontes de financiamento se diversificaram. O Cebrap não sofreu do governo perseguição econômica direta, a não ser algumas vezes em que o Banco do Brasil solicitou cadastramento sem o Cebrap ter pedido financiamento, e o Ministério da Fazenda analisou detidamente as declarações de Imposto de Renda.

Como mostra a tabela seguinte, é no período do governo Geisel que o Cebrap recebe maior número de apoios federais e estaduais. Nos primeiros anos o apoio estadual veio do governo da Bahia e depois do governo de Paulo Egídio, em São Paulo. Ainda que apareçam apoios no ano de 1979, já no governo Paulo Maluf, trata-se de projetos negociados no governo anterior.

Fonte financiadora de pesquisa*

	69	70	71	72	73	74	75	76	77	78	79	80	81	TOTAL
Federal				01	02	01	01	06	01	01				13
Estadual (SP/BA)			02	05	02		02	02	04	02		01		20
Internacional			02	01	03	04	05	08	08	07	08		07	23
Priv. / Nacional	01	02	02	05		06			04	01		01	02	24
TOTAL	01	02	06	12	07	11	08	16	17	11	08	02	09	110

* Em alguns casos, não foi possível identificar a fonte financiadora da pesquisa.

O Cebrap sofreu, ao longo da década de 70, uma série de crises de financiamento, em particular em 1976 e em 1979-80. Geralmente essas crises vinham acompanhadas de cortes de contratos de parte importante dos pesquisadores juniores. Com a saída de vários pesquisadores seniores com "cadeira cativa" e o poliemprego de todos os membros do Cebrap, a pressão financeira, no início dos anos 80, tendeu a diminuir.

Publicações

A partir de 1971 o Cebrap decide divulgar seu trabalho através de publicações, tanto para ter um maior impacto como para diminuir as suspeitas do aparelho repressivo sobre o tipo de atividade da instituição. Foram duas as publicações do Centro: *Estudos Cebrap* e *Cadernos Cebrap*, além da publicação eventual de livros. A primeira, uma revista periódica, tinha como objetivo atingir um público mais amplo e a segunda, num formato mais simples, com divulgação mais restrita, apresentava trabalhos de porte médio e que posteriormente eram muitas vezes transformados em artigos ou livros. Os dados apresentados chegam, em geral, até 1980, já que ambas as publicações deixam praticamente de circular nesse mesmo ano.

Artigos de membros seniores do Cebrap* publicados em *Estudos Cebrap* e *Cadernos Cebrap*

	69	70	71	72	73	74	75	76	77	78	79	80	81	TOTAL
Estado e sistema político brasileiro				2			1	1				1		5
Economia brasileira			1	2	3			1						7
Imperialismo e dependência			2		2	1				1				6
Classe operária				1	1									2
Imigração e demografia			3		3	3	1	2	2	1				15
Urbanismo				1	1	1		2	1	1		1		8
Estrutura agrária								3	2					5
Teoria social e metodologia			2	1	2	4		3	3	2		2		19
Igreja e movimento social							1							1
História														
Outros (Universidades)												2		2
Estruturas sociais da América Latina					1	1						1		3
TOTAL			8	7	13	10	3	12	8	5		7		73

* Incluídos: Fernando Henrique Cardoso, José A. Giannotti, José Serra, Vinicius C. Brandt, Elza Berquó, Juarez Brandão Lopes, Procópio Camargo, Vilmar Faria, Bolívar Lamounier, Francisco de Oliveira, Paul Singer, Francisco Weffort, Carlos E. Martins, Octávio Ianni

Nos artigos publicados pelos seus membros o tema mais presente nas publicações do Cebrap é o da teoria social e metodologia, entendido em sentido lato, isto é, trabalhos que focalizavam assuntos gerais da teoria social, sem estudo de caso específico. Imigração e demografia são de longe os temas específicos mais tratados, ocupando urbanismo, economia brasileira, imperialismo e dependência, as posições subseqüentes. Vemos portanto que as publicações realizadas pelos pesquisadores do Cebrap terminaram por refletir a ordem de prioridades definidas pelas pesquisas.

Considerando porém o ano de publicação, veremos que certos temas mantêm uma constância e regularidade no tempo, ao passo que outros se concentram em certos períodos. Os trabalho sobre o tema "imperialismo e dependência" se concentra nos primeiros anos do Cebrap, assim como "economia brasileira", "classe operária" e "América Latina", ao passo que o tema "estrutura agrária" tem seu momento de apogeu nos anos 1975-76.

Se compararmos os temas privilegiados pelos membros do Cebrap com aqueles autores que publicaram nos *Estudos* e *Cadernos Cebrap* sem serem membros da instituição, veremos que os temas e sua concentração no tempo variam bastante. Assim, imigração e demografia e urbanismo tendem a ter sua importância reduzida, enquanto América Latina e economia mundial (incluindo os temas de desenvolvimento econômico e imperialismo e dependência) aumentam em importância e se concentram na segunda metade da década de 70:

Artigos publicados em *Estudos Cebrap* e *Cadernos Cebrap* (excluídos os membros da instituição, 1969/jul 81)*

	69	70	71	72	73	74	75	76	77	78	79	80	81	TOTAL
Estado e sistema político brasileiro			1									1		2
Economia brasileira					5	2		1	2	3				13
Desenvolvimento econômico, Imperialismo e dependência							4	2	3	5				14
Estruturas sociais da América Latina					2		6	3	3	1				15
Classe operária						3	1	1		1		3		9
Imigração e demografia					1	1			3					5
Urbanismo						1		2	2					5
Estrutura agrária					1					1		2		4
Teoria social e metodologia			1		3	5	1	8	2	2		4		26
Igreja e movimentos sociais							2			1				3
História				1	1	4								6
Outros							3	4						7
TOTAL			2	1	13	16	17	21	15	14		10		109

* Não foram incluídos notas curtas, *book reviews*, a série "Estudos de População" nem os livros publicados diretamente pelo Cebrap.

A maior concentração de produção intelectual dos membros do Cebrap, que com curta defasagem se reflete nas publicações, se observa no período 1973-76. Nesses quatro anos foram lançados 60% do total das publicações realizadas pelo Cebrap na década de 70-80.

Números publicados por anos de *Estudos Cebrap*,*
***Cadernos Cebrap* e livros (*edições* Cebrap)**

	69	70	71	72	73	74	75	76	77	78	79	80	81	TOTAL
Quant.			7	7	10	10	5	19	8	5		9	1	71

* A partir do nº23, os *Estudos Cebrap* deixaram de incluir a data correspondente ao número, portanto, ela foi deduzida por nós.

Se considerarmos as publicações dos membros do Cebrap dentro e fora da instituição veremos como estas refletem o processo de crescente orientação "para fora". Assim, se até 1976 os membros do Cebrap publicavam mais dentro do que fora da instituição, a partir de 1977 este processo se reverte.

Publicações no Brasil de membros seniores do Cebrap*
dentro da instituição ou fora dela**

	71	72	73	74	75	76	77	78	79	80	81	TOTAL
Dentro	7	7	14	7	10	12	6	4	7	9		93
Fora	1	3	5	7	6	8	18	8	6	10		72
TOTAL	8	10	19	14	16	20	24	12	13	19		165

* As pessoas consideradas são as mesmas listadas anteriormente.
** Dados obtidos em currículos dos membros do Cebrap (livros ou artigos), não sendo incluído Octávio Ianni; Francisco Weffort só foi considerado no período 70-74; J. Serra a partir de 77; V.C. Brandt a partir de 1974.

Como mostram os quadros seguintes, os membros do Cebrap concentraram suas publicações no exterior no período 1973-78. Ressalta o número de trabalhos publicados por Fernando Henrique

Cardoso, cujo volume se aproxima ao total do resto dos pesquisadores do Cebrap, o que indica uma estratégia fortemente orientada para a consolidação de seu prestigio internacional. Na maioria dos casos publicações em espanhol em revistas hispano-americanas são as mais numerosas, ocupando o segundo lugar as realizadas em língua inglesa.

Livros e artigos publicados no exterior por membros* do Cebrap após 1970, ano e língua*****

	70	71	72	73	74	75	76	77	78	79	80	81	TOTAL
Espanhol		2		7	2	5	3	3	4	5	1		32
Inglês			1		2	1	1	3	1	2	2		15
Alemão							1	1					2
Francês	1					2	1	2			1		6
Outros													
TOTAL	1	2	1	7	4	8	6	9	5	7	4	2	56

* Não foi possivel obter dados detalhados de Octávio Ianni. Não foram incluídos os trabalhos de Fernando Henrique Cardoso.
** Incluídas edições posteriores de trabalhos escritos antes de 70.
*** Baseados em currículos que alcançam geralmente julho de 81.

Livros e artigos publicados por Fernando Henrique Cardoso* no exterior após 1970 (língua e lugar)**

	70	71	72	73	74	75	76	77	78	79	80	81	TOTAL
Espanhol	4	1	3	5		1		3	1	1			19
Inglês		1	1	4	1			4	3	1	1		16
Alemão				2	1			1					4
Francês	1	1	1	1			1		2	1	1		9
Italiano	1	1											2
TOTAL	6	4	5	12	2	1	1	8	6	3	2		50

* A edição em espanhol de *Dependência e desenvolvimento na América Latina* chegou à 18ª edição em 1980.
** Em casos de mais de duas edições foi incluída a primeira edição, e excepcionalmente a segunda edição, quando nos faltava a data da primeira.

Dificilmente pode-se falar de uma linha editorial do Cebrap. Publicavam-se trabalhos de seus pesquisadores, de cientistas sociais brasileiros e estrangeiros com os quais se tinha afinidade intelectual e/ou institucional, dentro de critérios de qualidade acadêmica e de um sentimento de relevância que dependiam bastante dos relacionamentos do comitê de publicações.

Temas e debates

De certa forma a vida intelectual do Cebrap foi produto do debate em torno das pesquisas projetadas e/ou realizadas, dos trabalhos *ad hoc* escritos por seus membros e dos debates e conferências de pesquisadores de fora da instituição. De fato, os debates internos dos primeiros anos, dos quais participavam sempre integrantes de outros centros, são lembrados em geral com uma nostalgia particular. Esses encontros eram denominados "mesões", pois realizados em torno de uma grande mesa onde se discutiam trabalhos de membros do Cebrap e de pesquisadores ligados a este, e sobre eles praticamente não subsistiu registro escrito. Um membro da "segunda geração" relatou os "mesões" da seguinte forma: "Os debates que se realizavam no 'mesão' foram um pouco paralisantes pelo peso de algumas pessoas como Giannotti em filosofia e Elza em estatística, o trabalho da pessoa passava por crivos muito refinados. Depois foram introduzidos padrões de relacionamento novos"

Foram particularmente os "mesões" sobre a economia brasileira que alcançaram maior repercussão e que contaram com maior número e diversidade de participantes (tanto de centros universitários como de institutos de pesquisa ligados ao governo central), gerando textos de referência central na época. Foi inclusive a partir das apresentações e debate do texto de José Serra e Maria Conceição Tavares (1971) sobre a economia brasileira e outro de Fernando Henrique Cardoso sobre "O regime político brasileiro", que Francisco de Oliveira e Paul Singer produziram dois importantes textos de interpretação da economia brasileira: "Crítica da razão dualista" (1972) e "As contradições do milagre" (1973).

Todos esses textos coincidem na crítica ao estagnacionismo e às distorções associadas ao milagre, embora divirjam na avaliação da importância do autoritarismo como condição do padrão de acumulação de capital e da futura vitalidade do modelo econômico.

O texto de Francisco de Oliveira, em particular, conhecerá nos anos 70 um impacto impressionante, sendo durante toda a década leitura obrigatória nos cursos de ciências sociais. Colocando a dinâmica de acumulação de capital no centro de sua reflexão, Francisco de Oliveira rompe com as visões dualistas da sociedade brasileira, dominante nas mais diversas escolas de pensamento, e que contrapunham um setor tradicional, atrasado, a um setor moderno, dinâmico.

O trabalho de Chico de Oliveira apresenta um afresco da sociedade brasileira, onde os setores atrasados, no lugar de uma trava ao desenvolvimento capitalista, aparecem como funcionais para a dinâmica geral de acumulação de capital. Embora o trabalho possua méritos e enorme criatividade, sua tendência a invocar o processo de acumulação como "... categoria totalizante" não "...diminui o risco de recriar uma consigna que, enquanto tal, não é conhecimento" no comentário de Maria da Conceição Tavares (1973, p.24), e de alguma forma facilitou o caminho para que setores da nova geração de cientistas sociais simplificassem sua visão da sociedade brasileira, caindo muitas vezes num funcionalismo marxista incapaz de compreender as especificidades e complexidades da textura da sociedade e do capitalismo brasileiros.

Até 1976 os "mesões" tiveram um papel catalisador na vida intelectual de pesquisadores de outras instituições, inclusive de fora de São Paulo. Neles, cientistas sociais das universidades federais do Rio de Janeiro (UFRJ) e Minas Gerais (UFMG), da Universidade de Campinas (Unicamp), Iuperj, Fundação Getulio Vargas e de muitos outros centros apresentaram seus trabalhos, vivendo, além da experiência intelectual, uma espécie de cerimônia de reconhecimento pela principal instituição intelectual da época, tudo isto envolvido num clima de resistência à ditadura.

Como mostra o quadro seguinte, os encontros do Cebrap tiveram seu auge no período 1972-74 e voltaram a reviver em 1981 (a mudança de local, em 1976, da casa para um andar de prédio marcou literalmente o fim dos "mesões"). Estes dados quantitativos não dão, porém, uma imagem fiel, na medida em que a tendência posterior aos anos de 1976-77 é de encontros mais ou menos formais, sem a vitalidade dos encontros dos primeiros anos. Como se observa no quadro, os temas de debate refletem mais diretamente as afinidades intelectuais dos membros do Cebrap, distanciando-se dos temas de pesquisa e aproximando-se mais dos temas das publicações.

Conferências — março/72-set/81

	69	70	71	72	73	74	75	76	77	78	79	80	81	TOTAL
Estado e sistema político brasileiro				3	5	2		2		1	2	1		16
Economia brasileira				3	5	4	2	4		2	5		2	27
Imperialismo e dependência														
Classe operária				1	2	4	4						1	12
Imigração e demografia				1	3	3							2	9
Urbanismo e marginalidade				3	3	1	2	1		1				11
Estrutura agrária					1	1	2				2			6
Teoria social e metodologia				4	2	5	5	1			1	2	2	22
Igreja				1		2								3
Estruturas sociais				1	7	2	2	2	1			2	5	22
História				1	2	3							1	7
Outros											1			1
TOTAL				18	30	27	17	10	1	4	11	5	13	36

No conjunto as preocupações e linhas de pesquisa do Cebrap, apesar do grande espaço ocupado pela demografia, podem ser divididas em dois períodos. No primeiro prevalecem as preocupações estruturais com as grandes mudanças socioeconômicas sofridas pelo Brasil como conseqüência da expansão econômica no contexto do regime militar, embora corresponda a esta fase um debate mais comprometido diretamente com temas políticos e mais assumido abertamente entre Francisco Weffort, de um lado, e Carlos E. Martins e M.H. Tavares, de outro, que infelizmente nunca chegou a ser publicado.

Nesse período ainda se fazem presentes preocupações originadas no debate latino-americano, em particular o tema da marginalidade, da distribuição de renda, da natureza do regime e do capitalismo no Brasil, das estruturas e potencialidades do modelo econômico, das transformações demográficas. Em torno desses temas o Cebrap atingiu de certa forma seu auge em termos do desenvolvimento de trabalhos e posições que, sem serem convergentes, mantinham um diálogo implícito ou explícito entre eles.

Numa segunda fase surgem novos temas, como questão agrária (único novo tema sobre o qual se realizariam pesquisas sistemáticas), movimentos sociais, eleições, empresas estatais e democracia, nos quais se chegou a produzir importantes trabalhos individuais, que porém já não refletiam posições amadurecidas no debate interno. Essa transformação reflete o início da queda da intensidade da vida interna, com divisões crescentes em torno dos temas emergentes. À medida que estes começavam a aproximar-se de questões com maior conteúdo ideológico, como por exemplo o tema do nacionalismo e a criação de um partido dos trabalhadores, as divergências tendiam a aumentar.

Essa fase foi igualmente acompanhada de uma maior especialização por equipes de trabalho, formando-se assim o grupo de economia, de demografia, de ciência política e de estruturas agrárias. Ainda assim, em certos momentos, pareceu que em torno do tema da burguesia de Estado viria a deslanchar-se um amplo debate interdisciplinar, que porém não chegou a se concretizar. Aqui, novamente, como no insuficiente tratamento em relação ao tema das multinacionais, reflete-se a dificuldade de tratar a questão do nacionalismo.

Assim, claramente a partir de 1976, à medida que a problemática das mudanças estruturais e a expansão do capitalismo passam a ser insuficientes como marco orientador dos alinhamentos teóricos, o Cebrap perde sua problemática unificadora. É possível que essa situação expressa também os alcances e limites do mundo conceitual comum aos membros do Seminário de Marx. Esse universo, sensível à dinâmica de acumulação de capital, não oferecia instrumentos de análise das novas transformações sociais, que exigiam compreensão de processos políticos e sistemas ideológicos para os quais os membros seniores do Cebrap já não dispunham de uma linguagem teórica compartilhada.

Nos novos debates sobre democracia, Estado, partidos políticos e eleições, o instrumental analítico de uma nova geração que tinha se formado no Estados Unidos, localizada nos novos centros de pós-graduação em ciência política, se apresentava em vários aspectos melhor apetrechado que o do grupo formado no Seminário de Marx.

Embora no período 1968-74 possa-se falar, em relação à maioria dos trabalhos do Cebrap, de uma matriz comum de análise crítica da expansão capitalista realizada sob o regime militar, dificilmente poderia argüir-se a existência de uma teoria ou marco analítico comum original, ou mesmo que o conjunto dos pesquisadores do Cebrap convergem teoricamente. Dada sua origem, o Cebrap não surge com uma proposta intelectual e sim político-institucional. Trata-se de dar refúgio a pessoas perseguidas pelo regime independentemente de existirem entre elas uma identidade intelectual.

A produção do Cebrap se caracterizou pela capacidade — em certos momentos impressionante — de apontar hipóteses, indicações analíticas, linhas de pesquisa e análises concretas nos mais diversos campos da realidade social brasileira. Na maior parte dos casos, os trabalhos de maior impacto foram ensaios com exígua sustentação em pesquisa empírica, apresentando-se geralmente como esforços de interpretação e síntese de uma conjuntura histórica dada, e menos assiduamente, de um debate sobre temas teóricos mais gerais.

A obra de Fernando Henrique Cardoso nesse período orienta-se geralmente no sentido de intervenções sobre questões atuais, procurando definir os parâmetros do debate. Esse estilo, se por um lado não desenvolvia pesquisas ou argumentações teóricas sistemáticas, lhe permitia discutir fenômenos de conjuntura sem ter que limitar a realidade à camisa-de-força de marcos analíticos. Isso implicou um corte tanto com a tradição uspiana de tratamento acadêmico e de afastamento dos temas políticos candentes, como com o estilo isebiano de grandes interpretações sistemáticas e normativas.

Parte importante do esforço crítico desse ensaísmo, particularmente em Fernando Henrique Cardoso, consistia em procurar indicar a forma adequada de confrontar problemas políticos e intelectuais que o debate tendia a apresentar como posições unilaterais. Assim, por exemplo, ele insistia em que o regime militar era politicamente reacionário porém propulsor de transformações e avanços econômicos, que o imperialismo explora mas pode ser industrializador, que os movimentos sociais surgem contra o Estado mas precisam deste para realizar suas reivindicações e assim por diante.

Embora tais colocações e o lançamento de certos temas — como por exemplo os de anéis burocráticos, burguesia de Estado, acumulação primitiva permanente — tenham sido os aspectos de maior impacto e visibilidade, não se reduz a eles o esforço intelectual realizado pelos pesquisadores do Cebrap. Além de esforços individuais em torno de temas específicos, existem nos trabalhos do Cebrap, e com particular vigor na obra de Fernando Henrique Cardoso, indicações sobre a necessidade de repensar a sociedade brasileira, em particular, e a América Latina, em geral. Essas reflexões encontram-se sobretudo em textos de menor divulgação e dizem respeito à necessidade de repensar o conjunto do contexto político, econômico e cultural do país: "A forma de estruturação da sociedade brasileira não deve ser dada como conhecida nem como redutível às análises clássicas sobre a estruturação das classes na Europa e nos Estados Unidos" (Fernando Henrique Cardoso, 1978, p.2).

Como explicar que essas observações tenham permanecido ao nível de indicações sumárias, sem uma maior sistematização? Parte da resposta pode ser dada pelo próprio contexto do Cebrap, onde as pressões cotidianas não teriam permitido a tranqüilidade necessária para o esforço sistematizador. Outra parte deve ser procurada na realidade brasileira, que, com seus fluxos e conjunturas em permanente (e aparente?) mudança, torna obsoletas as sistematizações e limitam o distanciamento necessário exigido por elaborações mais rigorosas. Quiçá ainda, no caso particular de Fernando Henrique Cardoso, devam agregar-se as idiossincrasias de uma personalidade em que o lado político — isto é, a vontade de aglutinar — entra por vezes em contradição com as exigências da criação teórica —isto é a lógica de diferenciação.

A falta de um esforço de teorização mais sistemática, seja ela julgada um fato positivo ou não, terminou sendo um fator limitante para a instituição: impossibilitou a formação de uma "escola de pensamento", capaz de irradiar uma influência mais permanente na vida intelectual.

Relação com a vida política nacional

O início do Cebrap corresponde ao período em que o Movimento Democrático Brasileiro (MDB), único partido de oposição funcionando na legalidade, encontra-se prostrado e que a vida política se radicaliza em torno da luta guerrilheira. Esta, ainda que isolada do conjunto da sociedade, mantém uma presença importante na universidade, na época maior fornecedora de novos quadros e principal espaço onde podia exercer certa influência ideológica.

O Cebrap já surge teoricamente distanciado da luta armada, e a simpatia pela oposição ao governo militar e o repúdio à tortura não significaram apoio à guerrilha. De fato o AI-5 une todos os opositores liberais e a esquerda não armada. Por sua vez, solidário contra a perseguição do regime, o Cebrap não fez críticas públicas à guerrilha, pela qual, a maioria de seus integrantes não nutria particular apreço nem respeito intelectual.

A presença do Cebrap junto ao grande público se deu através de artigos escritos particularmente por Fernando Henrique Cardoso e Paul Singer para o semanário *Opinião*, dirigido por Fernando Gasparian e durante vários anos principal fórum de idéias e debates das tendências oposicionistas. Posteriormente, com o surgimento do semanário *Movimento*, os membros do Cebrap colaboraram em ambos os periódicos.

Em 1974 Fernando Gasparian leva Ulisses Guimarães, presidente nacional do MDB, ao Cebrap. Ulisses convida o Centro a assessorar o MDB na Comissão Parlamentar de Inquérito das multinacionais e, logo depois, a ajudar a redigir o programa do partido. A decisão do Cebrap é colaborar a título pessoal, sem comprometer a instituição.

No mesmo ano de 1974, são presos três membros do Cebrap (F. de Oliveira, F. Mazusqueli, C. Silveira). Em 1975 é preso Regis de Castro Andrade, a partir da apreensão dos documentos de pesquisa que ele levava para a Inglaterra sobre a esquerda brasileira, e depois Paul Singer e Vinicius C. Brandt. Paul Singer é preso por ter participado de um congresso em Budapeste e V.C. Brandt, "suspeito" a priori como ex-preso político. Logo em seguida uma ordem de comparecimento obriga a todos os membros do Cebrap a apresentar-se no DOI-CODI para interrogatório.

Como já foi mencionado, em 1976 — associado possivelmente à publicação do livro *São Paulo: crescimento e pobreza*, que é um sucesso de vendas —, estoura uma bomba em frente ao prédio do Cebrap. O secretário de Segurança Pública do estado de São Paulo, Erasmo Dias, indica publicamente que pedira aos responsáveis pelo ato para pararem com esse tipo de atividade. A partir de então cessam as atividades desse tipo contra o Cebrap.

A colaboração entre membros do Cebrap e o MDB tende a aumentar nos anos seguintes, com visitas de alguns políticos à instituição e, particularmente a partir de 1978, com a integração de Fernando Henrique à vida do partido.

Igualmente importantes foram as relações com a Igreja, que tinha na figura do cardeal Dom Paulo Evaristo Arns uma das personalidades mais importantes da resistência à ditadura. Essas relações se deram no início especialmente através de Cândido Procópio, que era membro da Comissão de Justiça e Paz. Em 1975 a Igreja solicita uma pesquisa que resulta finalmente no livro *São Paulo: crescimento e pobreza*, que atinge uma tiragem de várias dezenas de milhares de exemplares. Uma segunda pesquisa para a

Igreja de São Paulo, publicada sob o título *São Paulo, o povo em movimento*, é recebida com reservas pelo episcopado, e chega a ter um impacto menor. Embora como instituição o Cebrap nunca tenha se engajado em assessorias para a Igreja, alguns de seus membros passaram a ter uma relação mais estreita com o cardeal Dom Paulo Evaristo Arns. Este, no momento das perseguições policiais ao Cebrap, se dirigiu ao ministro da Casa Civil, Golbery do Couto e Silva, pedindo para que cessasse a repressão.

No período mais feroz da ditadura, a eliminação dos canais de representação e expressão civil pela repressão deu aos intelectuais o papel de porta-vozes de setores da sociedade, pela transmissão e análise de informações e interpretações diferentes das do regime. Tendo ficado relativamente isolado e protegido da repressão, o meio universitário se transforma num refúgio para a ação contestatória e num campo central de atuação e recrutamento dos partidos políticos de esquerda. Com a abertura política, o lugar privilegiado do intelectual tende a desaparecer e a condição de seguir mantendo uma posição central é o engajamento crescente, seja diretamente nas organizações políticas, seja nos meios de comunicação de massa. Nesse processo ele deve adaptar-se aos novos canais, abandonando, pelo menos no interior desses órgãos, seu trabalho acadêmico. Essa situação afetou tanto aos membros do Cebrap como ao conjunto da intelectualidade brasileira.

Na medida em que os partidos políticos tinham sido desfalcados de muitos quadros, sem muitas condições de formar novos, e que parte da intelectualidade ligada aos partidos de esquerda encontrava-se na clandestinidade e politicamente derrotada e confusa, abriu-se um espaço para intelectuais com ambições políticas. Ainda mais para aqueles localizados em São Paulo, que constituiu-se no principal centro do Brasil opositor ao regime militar.

V. As ciências sociais no Brasil na década de 70

A caracterização das ciências sociais no Brasil no período pós-64 é fundamental para compreender o impacto do Cebrap, seja pelo público-alvo ao qual dirigiu sua produção, seja pelas tendências gerais que perpassaram a produção das ciências sociais no país.

Nos primeiros anos do regime militar, no período que se estende entre 1964 e 1969, os prognósticos pessimistas sobre o fechamento da vida intelectual pareciam confirmar-se. As cassações de professores universitários logo depois do golpe, e posteriormente, com impacto ainda maior, aquelas que se seguiram ao AI-5, levou a pensar que as ciências sociais sofreriam um retrocesso. Nesse mesmo período é aplicada a reforma universitária, com assessoria norte-americana e contra a vontade da comunidade acadêmica.

Embora importantes, esses fenômenos não chegaram a abalar fundamentalmente o desenvolvimento das ciências sociais, ainda que certos centros universitários como a USP e particularmente a UFRJ, possam ter sofrido com as cassações de importantes professores. Isto, em primeiro lugar, porque um grande número dos cientistas sociais cassados permaneceu no país, inclusive auto-organizados em centros como o Cebrap, e, em segundo lugar, nenhuma instituição chegou a ser fechada ou totalmente esvaziada, permanecendo nos seus cargos boa parte do quadro docente.

Por sua vez, a reforma universitária, associada com o governo militar, e cujas conseqüências exigiriam uma análise separada, teve dois efeitos importantes: (a) acabou com as antigas estruturas hierárquicas baseadas na autoridade dos catedráticos, aumentando o nível de "igualdade" e participação do corpo docente e limitando assim a cristalização de lideranças intelectuais, e portanto, a formação de escolas ("Em vários setores da USP — depois de uma luta árdua — conseguimos finalmente abolir a cátedra. O que aconteceu? Todo mundo virou catedrático.", J.A. Giannotti, Andes, 1984, p.67), e (b) através dos ciclos básicos promoveu a contratação maciça de professores cujas qualificações eram limitadas, porém ideologicamente radicalizados. A partir dessa situação, e no contexto do período, esses ciclos básicos adquiriram traços e "ideologias" próprias. Pinguelli Rosa distinguia três setores ou camadas de professores universitários: 1) o setor arcaico, pré-68, burocrático; 2) um setor moderno surgido pós-68, com auxílio do BNDE e da Finep e 3) um setor de novos assistentes e colaboradores enquadrados sumariamente, com formação incompleta e sem condições de realizar pesquisas de bom nível. (Andes, ibid. p.92-3).

O público do Cebrap

No regime autoritário, especialmente no período 1964-74, a eliminação dos canais políticos tradicionais e a censura nos meios de comunicação fizeram com que a universidade passasse a funcionar como sucedâneo de espaço de encontro, agitação e doutrinamento, e os intelectuais mais representativos aparecessem como encarnação das demandas e personificação da vontade crítica da sociedade civil. A universidade no período pré-69 se transformou num dos principais centros de agitação e recrutamento dos partidos de esquerda clandestinos.

Com a eclosão das guerrilhas e seu isolamento do resto da sociedade, a universidade permaneceu como um dos únicos pontos de referência e de ação política desses grupos. A derrota da guerrilha diminuiu ainda mais a influência das organizações políticas de esquerda, ficando sua presença na universidade muito diluída e mantendo-se somente ao nível das lideranças estudantis e esparsamente no corpo docente.

A distensão primeiro e a abertura depois modificaram radicalmente o quadro descrito anteriormente. Num primeiro momento, no período que se estende entre 1974-79, em que a sociedade civil começa a se reorganizar porém sem chegar a se cristalizar politicamente, a universidade ocupou um lugar central como lócus da crítica ao regime. Nesse contexto, as reuniões da SBPC foram uma das expressões mais importantes desta nova situação.

A partir da abertura, o contexto político e intelectual mudou rapidamente. Enquanto a repressão gerava afinidades de temas e inclusive um forte sentimento de unidade, a liberalização do regime dissolvia intelectualmente e fragmentava politicamente a universidade, enquanto surgiam outras fontes de oposição. O melhor sintoma dessas transformações se observa nas trajetórias dos jornais de oposição, ou imprensa "nanica". Esta, mesmo enfrentando uma censura feroz, conseguiu sobreviver à repressão. A abertura, com a qual essas publicações esperavam florescer e chegar a amplas massas já sem censura, significou o fechamento de todas elas.

O processo de expansão do sistema universitário, num contexto em que o regime autoritário se achava ideologicamente isolado e a universidade hiperpolitizada pelo "entupimento" de outros canais, produziu naturalmente certos "desvios" no funcionamento da docência. Particularmente aqueles núcleos de novos professores com limitado preparo profissional e pobre formação acadêmica transformaram o ensino — especialmente em torno dos ciclos básicos —, em cursos de introdução aos conceitos elementares do marxismo, que na verdade pouco mais eram do que uma mistura de denúncia social e de vulgata do materialismo histórico.

Nos anos 70 foi reduzida a integração dos cientistas sociais com os partidos políticos, ao mesmo tempo que no nível acadêmico deu-se um processo de marxistização das ciências sociais. À medida que avançava a luta pela democracia, a esquerda se liberalizava — isto é, descobria o tema da democracia —, e os liberais se esquerdizavam — isto é, descobriam os temas da desigualdade social.

O recrutamento maciço de professores pouco qualificados e politicamente radicalizados explica por que a absorção dos trabalhos do Cebrap tenha sido feita de forma simplificada, o que levou a José A. Giannotti a falar do marxismo dos cientistas sociais como "funcionalismo tingido de vermelho" ou, na análise de Eunice

Durham (1984) sobre a marxistização da antropologia: "De modo geral, continuou-se a fazer pesquisa como a faziam os funcionalistas, mas tratando de encontrar 'ganchos' que permitissem interpretar os resultados com conceitos como modo de produção, relações de produção, relações de trabalho e luta de classes" (p.8).

O Cebrap encontrou portanto condições muito propícias para o seu desenvolvimento, tanto intelectuais como institucionais. O Brasil nos anos 70 e 80, ao contrário dos outros regimes autoritários do Cone Sul, viveu um florescimento das ciências sociais. O regime autoritário, mesmo ao isolar a universidade do resto da sociedade, colaborou de certa forma no processo de institucionalização das ciências sociais. Deu-lhe um alvo de crítica: a ditadura; um objetivo: a democracia, e aumentou sua coesão interna pelo isolamento da vida universitária devido à repressão política. O poder central manteve sem dúvida um efeito intimidatório e certa capacidade de censura e repressão sobre a vida acadêmica, mas no cotidiano sua capacidade de ingerência era relativamente limitada.

Os anos 70 foram de crescimento acelerado do sistema universitário, tanto quantitativamente — o número de estudantes chegou a sextuplicar — como qualitativamente. Nesse período constitui-se o sistema nacional de pós-graduação e, junto com ele, um sistema de pesquisa universitária em praticamente todas as universidades importantes do país. A formação dos centros de pós-graduação foi acompanhada por uma maior delimitação entre as disciplinas e por um processo de profissionalização e de especialização.

Inclusive em países como Uruguai e Chile, onde os governos militares tentaram uma destruição sistemática do aparelho universitário, também avançou a tendência a uma maior profissionalização das ciências sociais em relação aos níveis de extrema politização nas situações anteriores aos golpes de estado.[6] Processo inverso ao de muitas situações democráticas na América Latina, inclusive as anteriores aos golpes militares, onde não havia imposições autoritárias, mas os efeitos das lutas político-partidárias foram por vezes desintegradores da vida universitária.

Da pesquisa engajada à pesquisa contratada

Do momento em que a pós-graduação se transformou num pré-requisito da carreira universitária e da própria ascensão do corpo docente, o surgimento de centros de pós-graduação adquire um impulso próprio, como mostram os quadros seguintes:

Ano de surgimento dos cursos de pós-graduação em economia (membros da Associação Nacional de Pós-graduação e Pesquisa em Economia/Anpec)

Pré-66	66-68	69-71	72-74	75-77	78-80
1	2	1	5	2	3

Fonte: P. Malan, 1981

Ano de surgimento dos cursos de pós-graduação em sociologia

Pré-66	66-68	69-71	72-74	75-77	78-80	80-81
2	2	3	5	8	3	3

Fonte: S. Maranhão, 1981

Essa ampliação do sistema de pós-graduação foi acompanhada por um aumento de recursos de apoio à pesquisa e bolsas de pós-graduação, particularmente através da Coordenação de Aperfeiçoamento de Pessoal de Ensino Superior (Capes) e do Conselho Nacional de Desenvolvimento Científico e Tecnológico (CNPq).

Como mostram os quadros seguintes, o aumento dos recursos do CNPq para as ciências sociais foi maior do que para o conjunto das áreas científicas, o que reflete tanto o ponto inicial relativamente baixo do qual partiram as ciências sociais na distribuição de recursos em fins da década de 60 como o crescimento efetivo do apoio às ciências sociais, embora uma comparação rigorosa com as ciências *hard* só fosse possível se consideradas outras fontes de financiamento — como a Finep ou ministérios — cujos recursos se orientam na quase totalidade para a pesquisa de impacto tecnológico.

Bolsas no país - CNPq (Cr$ 1.000 a preço de 1983)

Ano	1976	1977	1978	1979	1980	1981	1982	1983
Ciências humanas e sociais	712.803	966.875	1.082.990	1.281.255	1.298.464	1.504.385	2.191.381	1.851.258
TOTAL da SDC	7.341.338	9.529.018	11.377.492	12.365.126	11.101.515	10.132.827	11.770.858	8.657.134

Fonte: CNPq s/d

Bolsas no exterior - CNPq (Cr$ 1.000 a preço de 1983)

Ano	1976	1977	1978	1979	1980	1981	1982	1983
Ciências humanas e sociais	96.943	310.089	374.566	398.285	375.340	501.000	1.487.063	2.133.724
TOTAL da SDC	1.014.841	1.883.661	2.078.199	2.295.732	2.028.454	2.381.453	5.422.746	7.317.039

Fonte: CNPq s/d

A formação sistemática de cientistas sociais ao nível de pós-graduação gerou uma grande produção de teses de mestrado e, em menor medida, de doutorado, assim como a generalização da pesquisa de campo como forma privilegiada de trabalho profissional. A necessidade de financiar essas pesquisas, assim como a de empregar parte dos contingentes de egressos dos cursos de pós-graduação, foi de encontro a uma tendência no mesmo período de expansão e especialização dos aparelhos de Estado que produziu uma crescente demanda de estudos subcontratados pelo Estado ao mundo acadêmico. Assim, parte considerável das pesquisas realizadas na década de 70 foram financiadas por órgãos públicos, em busca de subsídios dos órgãos de planejamento do governo federal e estadual que se expandiram e consolidaram no período autoritário.

Embora os resultados dessas pesquisas fossem muitas vezes engavetados, a disposição dos governos estaduais, e mesmo federal, de empregar maciçamente os cientistas sociais, geralmente com postura crítica quando não marxista, foi surpreendente. Não seria exagero afirmar que a maioria dos quadros médios dos órgãos estatais e paraestatais em funções de planejamento e similares era formado por "intelectuais críticos", inclusive no período do governo Médici. Em muitos casos em instituições e fundações estatais ou estaduais, ou no próprio governo federal, alcançaram cargos de direção na estrutura burocrática. Nesse contexto, é de se admirar o triplo processo de absorção de intelectuais sem cooptação ideológica, de acúmulo de poder de decisão burocrática sem maiores conseqüências políticas, e de "convivência pacífica" entre o regime autoritário e uma intelectualidade contestadora.

Particularmente admirável foi o *quantum* de posições de poder que os economistas ocuparam já nesse período. A forma de legitimação do regime, o crescimento econômico, colocou o economista e seu discurso como autoridade competente seja para representar ou para criticar o regime. Apesar dos desacordos com a visão social e política do regime militar, sua tendência estatizante, centralizadora e favorável ao planejamento criou um amplo espaço de afinidade entre economistas (e engenheiros) de esquerda e a administração publica.[7]

Essa situação deu continuidade à característica relação, no Brasil, de clientelismo e cooptação entre o poder e as classes médias. Ela foi ao encontro das necessidades de expansão e modernização dos aparelhos de Estado num contexto em que o regime militar não tinha maior capacidade de ganhar ideologicamente uma parte importante da intelectualidade, ao mesmo tempo que a concentração do poder político neutralizava o poder eventual dos níveis médios de decisão.

Assim, a modernização dos aparelhos de Estado durante a ditadura militar se deu em grande medida pela formação e integração de profissionais nas novas agências de planejamento. Foram esses núcleos nos aparelhos de Estado que absorveram parte importante dos pós-graduados em ciências sociais — e por vezes do próprio corpo docente — e que determinaram os termos e temáticas dos financiamentos à pesquisa nas ciências sociais. Embora os controles tenham sido limitados, e os apoios generosos, mais do que influir no conteúdo da pesquisa esses financiamentos tiveram como efeito uma generalização de um novo tipo de acadêmico-técnico, de universitário que adquire uma dimensão tecnocrática. Assim, a velha oposição USP/ISEB se dissolveu na prática num novo tipo de cientista social com formação acadêmica sólida e visão crítica da sociedade, mas que funciona como especialista (técnico ou consultor) de instituições públicas.

A metamorfose intelectual do cientista social universitário foi consolidada com a transformação da pesquisa em fonte fundamental de complementação salarial. O que deveria ser uma situação excepcional no meio acadêmico se transformou quase em norma, em particular a partir da instabilidade salarial produzida pela aceleração do processo inflacionário.

O campo das ciências sociais

Um dos fatos mais marcantes nos anos 70 foi o declínio da influência da sociologia no seio das ciências sociais. Essa queda obviamente não pode ser creditada à incapacidade dos sociólogos, ainda mais quando muitos destes se transformaram em cientistas políticos ou mesmo antropólogos. Igualmente não pode ser relacionada a uma diminuição do número de centros de pós-graduação em sociologia, já que estes continuaram sendo majoritários. Enquanto a antropologia possuía um nicho especifico, os índios, e sua afinidade com a problemática cultural lhe permitiu ocupar amplos espaços em certas áreas — em particular os estudos da religião — a ciência política tinha na pesquisa dos partidos, das eleições e da estrutura de governo um campo claramente delimitado, a sociologia via-se em dificuldades de encontrar rumo próprio.[8]

A valorização da ciência política e da economia não deixou de ser um produto das urgências criadas pelo regime autoritário e da luta pela democratização. Um Estado forte — o tema do poder político — e o crescimento econômico — o tema do modelo econômico, substituídos posteriormente pela problemática de criação de partidos políticos e a analise das eleições, e a inflação na área econômica, serão as questões que darão as coordenadas do debate intelectual no período.

Esses temas e as respectivas disciplinas passaram a ter um lugar proeminente, "colonizando" outras disciplinais sociais, sendo difícil os conceitos de "acumulação" e de "Estado" não figurarem no título das teses no período. A antropologia, cujos temas se deslocaram progressivamente de preocupações indigenistas para questões rurais e urbanas, conseguiu manter a sensibilidade pelas expressões fenomenológicas do cotidiano e pelas dimensões culturais da vida social, num clima dominado pela análise de processos e forças *estruturais* e uma sociologia que não conseguia se dissociar da economia política.

O surgimento de novas manifestações de participação popular — a ascensão dos movimentos sociais e sindicais — renovou, a partir de meados da década de 70, a preocupação com as dimensões sociológicas da sociedade brasileira. Essas novas análises estão intimamente ligadas à preocupação política de promover a auto-organização das classes populares. Esse posicionamento muitas vezes acarretou a recusa de uma teorização ou interpretação dos fenômenos que não se ajustasse ao modelo idealizado do que fosse a consciência atual ou passada do povo.

Cabe ainda mencionar uma constante nos trabalhos produzidos pelas ciências sociais no período: a quase total concentração da pesquisa em temas relacionados ao Brasil, regra da qual, como vimos, o Cebrap não fugiu. A falta de estudos comparados de outras realidades nacionais — inclusive a latino-americana — ou do sistema internacional pode ser imputada tanto à procura de temas de pesquisa comprometidos com os grandes problemas sociais, e as urgências de enfrentar e compreender as profundas transformações sociais do país, como ao tradicional insularismo brasileiro e a uma agenda de pesquisa determinada por órgãos públicos de financiamento.

Impressiona, em particular, o desperdício de oportunidades refletido pelos temas escolhidos pelos doutorandos formados no exterior. No lugar de aproveitar tais experiências para estudar e pesquisar outras sociedades, o que aumentaria posteriormente o horizonte da pesquisa sobre a realidade brasileira, a quase totalidade dos estudantes brasileiros em ciências sociais realizou teses de doutorado, no exterior, sobre o Brasil, inclusive sobre temas para os quais os professores e as bibliotecas estrangeiros não estavam, muitas vezes, especialmente preparados.

A falta de autonomia e de flexibilidade financeira e administrativa da universidade e a diluição do poder decisório levaram pesquisadores de maior peso acadêmico a criar centros de pesquisa autônomos. Assim, a partir da segunda metade da década de 70, esses centros se expandem, particularmente em São Paulo, na forma de Organizações Não Governamentais (ONGs) dedicadas à pesquisa. Diferentemente de seu precedente imediato mais importante, o Cebrap, esses organismos não surgem como refúgio frente a cassações dos direitos de trabalho na universidade, mas como um marco complementar de poder e de renda onde professores universitários desenvolvem suas pesquisas.

Esse tipo de instituição apresenta por sua vez importantes realizações, mas tem igualmente óbvias limitações. Na medida em que expressam uma vontade coletiva e um certo "projeto" comum, asseguram um nível de dedicação e produção intelectual incomparavelmente maior que a média universitária. Por outro lado, pela dependência de captação de recursos externos se vêem compelidas a trabalhos de pesquisa com temáticas muitas vezes impostas pela fonte financiadora. Esse tipo de pesquisa obriga igualmente a produzir resultados dentro de prazos e ritmos que nem sempre são adequados ao *tempo* de criação intelectual.

Apesar da dificuldade de cristalização de um *ethos* científico, a comunidade científica apresentou uma impressionante coesão na defesa de seus interesses corporativos. As várias mobilizações dos professores universitários na segunda metade dos anos 70, em particular nas universidades federais, foram relativamente bem-sucedidas e permitiram a organização e consolidação do sindicato de professores universitários, a Andes.

Esse alto nível de consciência corporativa, embora tenha criado uma importante capacidade de luta na defesa dos interesses de seus membros, não deixou de ter efeitos negativos. Na defesa da estabilidade do emprego vitalício, como é o caso das universidades estaduais e federais, terminou-se favorecendo a integração de professores não concursados no quadro permanente. Neste ponto, paradoxalmente, converge o Estado que teima em tratar a universidade como repartição pública e ao professor como burocrata, e a categoria de professores que na defesa de seus interesses corporativos termina por afirmar, em forma até extrema, a desvalorização do mérito acadêmico.

Um dos resultados negativos da "greve vitoriosa" de 1980 foi a institucionalização de uma carreira de professor em que a progressão funcional pode ser realizada, de fato, sem considerar critérios de ordem científica. O não-reconhecimento da produção intelectual e sua qualidade no sistema de incentivos funcionais resultaram no desestímulo da produção científica e muitas vezes transformaram trabalhos de tese de doutorado no "momento de chegada", no principal ou único trabalho de fôlego do cientista social, quando deveria ser o ponto de partida da produção acadêmica.

Na medida em que a defesa dos interesses corporativos não se dissocia de forma precisa dos problemas de formulação de alternativas para a universidade como centro de produção científica, as confusões entre ambas podem ter resultados dolorosos. Os cientistas sociais não estão imunes aos vícios de clientelismo, protecionismo e patriarcalismo que caracterizam a sociedade brasileira, o que tende a limitar a competitividade, a renovação e a transformação dos cursos e disciplinas.

Cabe ainda mencionar como expressão sintomática das dificuldades de institucionalização das ciências sociais no Brasil a inexistência de um número relevante de revistas especializadas com periodicidade assegurada e com debates de fundo que expressem os problemas básicos de produção e circulação de idéias nas ciências sociais.

A regularidade de um, ou vários periódicos, só se assegura na medida em que se cria um clima de debate e de confronto de idéias e através de críticas e respostas vai se formando e assegurando um fluxo de trabalhos. Esse clima intelectual ainda não chegou a se consolidar suficientemente no Brasil, onde, frente às exigências da individualidade científica, ainda pesam compromissos e lealdades pessoais e institucionais. Assim, nesse contexto, em que a crítica é substituída pela "pichação" ou "badalação", pode ser aconselhável não colocar por escrito opiniões que possam levar certo "risco" a seus autores.

A instabilidade, não do emprego mas das condições de trabalho, continua sendo muito grande. O poliemprego passou a ser uma saída natural, acompanhado geralmente por um certo sentimento de frustração e descrença perante o trabalho de *institution-building* e o debate cientifico.

O crescimento das ciências sociais nas últimas décadas no Brasil foi acompanhado por um processo de institucionalização através da formação de associações nacionais de pós-graduação e pesquisa em ciências sociais, economia e educação, que cumprem um papel fundamental como espaço de debate e de encontro acadêmico. A construção e consolidação de uma grande comunidade de cientistas implicou mudanças de estilo e conteúdo em relação aos *antigos* cientistas sociais. As modificações foram tanto temáticas como de estilo, como mostram as reduzidas tentativas de interpretação do desenvolvimento atual das ciências sociais no Brasil.[9]

Uma diferença intergeracional importante foi produzida pela expansão do número de cientistas sociais numa sociedade com forte mobilidade social, como foi o Brasil nos anos 70. Isto exigiu necessariamente a integração de contingentes com capital cultural limitado que a formação universitária e o esforço individual nem sempre são capazes de compensar. A diferença e até a oposição entre o ensaísmo erudito da antiga geração e o trabalho científico moderno marcam dois estilos de pensamento e, por vezes, de origens sociais diversas. O primeiro desenvolve seu pensamento com referência a uma imensa gama de conhecimentos, porém sem preocupação específica com os cânones do pensamento científico. Este último tem como referência básica um método de argumentação e de proposição de hipóteses na qual a erudição não é em si mesma um valor positivo.

O Cebrap não deixou de ser parte do movimento de ascensão, pelo processo de modernização da sociedade e dos aparelhos de Estado, das novas classes médias profissionalizantes. Mesmo na adversidade, o Cebrap teve uma situação incomparável aos demais institutos similares na América Latina: ele se desenvolveu no contexto de um *boom* das ciências sociais, promovido pelo regime militar ao qual se opunham parte considerável das elites intelectuais, apesar de favorecidas pelo crescimento econômico e pelas políticas de expansão e modernização do sistema científico e tecnológico.

VI. Crise e redefinições (1979-)

Se a genealogia do Cebrap remonta aos anos 50 e o projeto de criar um instituto de pesquisa preexistiu ao AI-5, sua criação foi resultado direto da perseguição do regime autoritário e da resistência à repressão. O Cebrap formou portanto sua identidade tendo como alicerce central a vontade de seus membros de sobreviver academicamente no Brasil, mantendo vivo o pensamento crítico nas condições difíceis que se seguiram ao AI-5.

Essa identidade básica permitiu importantes realizações, mas era insuficiente para assegurar a transformação da produção intelectual do grupo numa escola de pensamento. Ainda assim as transformações sociais produzidas pelo "milagre econômico", e a derrota da esquerda política primeiro, e armada depois deram lugar a um rico trabalho de reflexão. A repressão isolou e unificou boa parte dos cientistas sociais em torno da luta pela democracia e criou as condições para a dedicação sistemática ao trabalho intelectual. Em geral, os fracassos favorecem a reflexão crítica e as vitórias conduzem a um pensar apologético menos criativo.

A partir de 1979 o Cebrap passa a sofrer o impacto de transformações políticas e culturais, que por sua vez aguçam os problemas internos preexistentes, de identidade e de reprodução institucional a longo prazo. O fator de maior impacto sobre o cotidiano do Cebrap, na época, foi a criação do novo sistema partidário. O Centro se divide entre simpatizantes do PMDB e do PT. Esta divisão, anos mais tarde, perderá parte da rigidez e do sentimento de confrontação dos primeiros tempos. Porém, naquele momento, teve um importante efeito erosivo, dividindo a instituição num contexto que precisava particularmente de um esforço criativo de conjunto.

O segundo fator implosivo foi a anistia e a reintegração dos pesquisadores do Cebrap no sistema universitário. De fato, já nos últimos anos do governo Geisel, membros do Cebrap tinham se reintegrado à função docente na PUC e na Unicamp. Com o retorno de pesquisadores à USP, embora sem abandonar o Cebrap, deu-se uma grande queda da dedicação de tempo de trabalho ao Centro. É verdade que, posteriormente, com a crise da universidade, a dedicação e as esperanças depositadas no retorno ao ensino se viram em grande medida frustradas, porém uma maior dedicação ao Cebrap apresentava-se igualmente problemática. A abertura aumentou os espaços de participação intelectual e política e os membros do Cebrap se lançaram nas mais diversas atividades. Essas atividades, realizadas porém a título individual, não deixavam de ter conseqüências no sentido de uma menor dedicação e o esvaziamento crescente do Centro.

Mas, como vimos anteriormente, além da dinâmica institucional, o que tinha se modificado profundamente era o contexto político e social. O marxismo dos fundadores do Cebrap era particularmente adequado para analisar uma sociedade em plena expansão capitalista, no qual as mudanças sociais apontavam na direção de tendências similares às dominantes nos países capitalistas avançados. À medida que a estagnação econômica vai se instalando no país, a partir do final dos anos 70, voltam à superfície características sociais e culturais do passado. *Como se em épocas de estagnação voltassem a se impor, ou pelo menos fossem mais claramente percebidas, as estratégias de sobrevivência, os padrões de sociabilidade e os valores culturais atrelados ao passado.*

A partir da segunda metade dos anos 70 começa a saída de membros do staff. Octávio Ianni é o primeiro a deixar o Cebrap, considerando que este não mais cumpria sua missão específica de resistência à ditadura. Bolívar Lamounier, que se projetava como elemento importante da nova geração, abandona o Cebrap para criar um outro centro de pesquisas, o IDESP. Posteriormente, com a eleição de Franco Montoro para o governo de São Paulo, Fernando Henrique Cardoso assume a vaga de suplente para o Senado, José Serra se torna secretário de Planejamento do estado de São Paulo e Carlos Estevam Martins e Vilmar Faria participam da direção de um organismo público.

O processo de esvaziamento do Cebrap apresenta caráter mais drástico na medida em que se dá num contexto de consolidação de uma nova geração de cientistas sociais e de novas linhas de pesquisa. Nessa nova realidade o Cebrap se transforma em mais um centro de referência intelectual, que deve agora lutar por um espaço específico. Esse deslocamento institucional se dá conjuntamente com mudanças no campo intelectual. A democracia, as eleições, o debate sobre a crise do marxismo passam a concentrar a atenção intelectual.

O pluralismo intelectual, a falta de compromissos com grupos ou organizações específicas, a indeterminação temática, fatores que foram importantes na viabilização do Cebrap nos anos de repressão, parecem tornar-se, na abertura, contra ela.

Os problemas do Cebrap se viram agravados por duas características particulares. A primeira se refere à incapacidade de consolidar uma estrutura de crescimento e absorção geracional. O grupo sênior sempre teve dificuldades de dividir as posições de poder com a nova geração. A segunda característica reside em que o Cebrap não chegou a consolidar uma única escola de pensamento. Isto é, não criou uma teoria ou proposta analítica dentro da qual novas gerações de pesquisadores pudessem dar continuidade intelectual ao projeto original. Por outro lado, o Cebrap não apresentou uma proposta institucional específica, orientada por objetivos político-intelectuais definidos, dentro de um contexto de vida democrático. Foi nessa direção que se orientou o modelo do Cedec, onde a inexistência de uma proposta teórica foi parcialmente substituída por um conjunto temático que objetiva avançar fins políticos.

Foi neste último sentido que, inicialmente, se orientou o Cebrap, em particular sob o patrocínio do grupo majoritariamente pró-PT, dando cursos a lideranças populares. Na mesma direção foram criados os *Novos Estudos Cebrap*, depois da desaparição, de fato, da revista *Estudos Cebrap*. Ambas as propostas tiveram impacto importante porém limitado. Os cursos, embora formando um grupo importante de pesquisadores, não chegaram a ter maior longevidade. A revista, com artigos diversificados e editoriais de atualidade, embora de interesse intrínseco, não chega a delimitar uma identidade institucional.

O Cebrap, em 1981, ainda possuía um enorme capital intelectual e institucional e era, possivelmente, a instituição brasileira de pesquisa em ciências sociais com maior reconhecimento e contatos internacionais. Vários de seus pesquisadores formam parte do pessoal mais qualificado e criativo das ciências sociais brasileiras. A definição de uma identidade específica se choca porém não só com o acúmulo de desencontros internos, como com uma crise maior do conjunto das ciências e cientistas sociais no Brasil.

A organização do Partido dos Trabalhadores, a atuação no seio do PMDB e nos movimentos sociais e sindicatos esvaziam igualmente a universidade como centro de atuação e debate ideológico. Os intelectuais que queriam seguir mantendo uma influência política direta tiveram que se ligar a organizações partidárias e sindicais e aos novos fóruns de debate político — em particular a grande imprensa —, todos eles à margem da vida estritamente acadêmica.

Assim, os cientistas sociais, com a democratização, tiveram um sentimento de perda de função social. Para uma geração acostumada a ter (ou a pensar que tem) um papel societário importante, apresenta-se uma espécie de vazio existencial. Sem dúvida, existem aqueles que escolhem participar diretamente de outros tipos de atividades como jornalismo, política etc. Isto porém não faz mais do que aprofundar a crise de auto-identidade das ciências sociais. O que são opções individuais válidas, adquirem uma dimensão problemática do ponto de vista da comunidade acadêmica. À medida que desaparece a distância entre jornalismo e/ou assessoria técnica e o trabalho acadêmico, este último tende a dissolver-se e perder sua identidade. Na sociedade moderna, em que os conceitos científicos são rapidamente disseminados, o trabalho acadêmico só mantém sua identidade própria pelo seu caráter de reflexão sistemática e de pesquisa de ponta.

A polivalência profissional dos cientistas sociais não só expressa a procura de transcendência social e/ou a complementação do ingresso, como os problemas da sociedade brasileira de formação de quadros qualificados. O processo de modernização acelerado que viveu o Brasil criou uma defasagem entre a demanda e a oferta de quadros intelectuais, cujo processo de maturação tem um ritmo mais lento que o da expansão da economia e dos meios de comunicação de massa, ou mesmo das organizações de representação política. Nesse contexto os cientistas sociais, especialmente os mais qualificados, sofrem pressões constantes para suprir as carências de outras áreas da sociedade.

Outra dimensão da crise é o esvaziamento dos cursos de ciências sociais, tanto ao nível da queda da demanda por parte dos grupos mais qualificados dos estudantes, como da dificuldades do corpo docente de redefinir os programas de ensino dentro de uma agenda adequada aos novos tempos. O discurso crítico e contestatório, de fácil e simples articulação, entrou em crise, incapaz de acompanhar as sutilezas da nova situação. Os ciclos básicos, como núcleos de articulação e devoção ideológica, entraram em decomposição já antes de serem questionados pelos organismos superiores de ensino universitário.

Além dessa situação conjuntural, agem outras forças mais estruturais no sentido de obstruir a constituição de um corpo de cientistas sociais dedicados primordialmente ao trabalho científico. Particularmente, como já indicamos, um fator cultural difuso mas nem por isso menos relevante, que são as barreiras à formação de uma individualidade orientada por valores centrados na especificidade do trabalho científico e sua forma particular de inserção na sociedade. Em certo sentido está em jogo a formação de um espírito científico capaz de acreditar no valor do trabalho cognitivo realizado apesar do pouco impacto imediato ou mesmo de sua impopularidade.

Talvez seja quimérico querer repetir no Brasil modelos institucionais que, inclusive nos próprios países avançados, estão sendo reformulados. Ao veicular imagens do mundo social, as ciências sociais se comprometem necessariamente com os embates políticos da sociedade. O equilíbrio entre o campo de autonomia do trabalho científico, orientado por normas e mecanismos próprios e específicos de controle, controvérsia e convivência, e as outras esferas da vida social é precário e delicado. A questão não é portanto ignorar as inter-relações, mas definir o sentido da aposta: na direção de um maior espaço próprio de desenvolvimento das ciências sociais ou no atrelamento a outras instituições sociais e à anulação de seu campo específico de ação.

A crise da utopia socialista, em particular na sua versão marxista, pelo menos para as ciências sociais, deve ser vista como um processo moralmente libertador, no sentido de que a crítica social não pode mais ser fundada na crença de que se sustenta na inexorabilidade da história e na certeza de que são os "fatos" que mais cedo ou mais tarde darão razão aos que lutam por um mundo mais solidário. Os tempos são outros, mais difíceis, pois não facilitam estratégias confusas onde a ética se refugiava na ciência. Nesse novo contexto a experiência do Cebrap, e sua tentativa de delimitar as relações entre a investigação intelectual e o engajamento político, poderá ajudar a iluminar os rumos de novas gerações de cientistas sociais.

Anexo: Lista de entrevistados / Trajetória acadêmico-político nos anos 80 e 90*

— Bolívar Lamounier: professor universitário, candidato não-eleito a deputado federal, consultor.
— Carlos Estevam Martins: professor universitário, ocupou vários cargos executivos no governo do estado de São Paulo.
— Cândido Procópio Ferreira Camargo: professor universitário, falecido.
— Elza Berquó: professora universitária.
— Fernando Henrique Cardoso: ocupou a presidência da Associação Internacional de Sociologia, foi senador da República, ministro da Fazenda e de Relações Exteriores, presidente da República.
— Francisco de Oliveira: professor universitário, militante do PT.
— Francisco Weffort: professor universitário, ex-secretário-geral do PT, candidato não-eleito a deputado federal, ministro da Cultura do governo Fernando Henrique Cardoso.
— Juarez Brandão Lopes: professor universitário, assessor do governo de Fernando Henrique Cardoso.
— José A. Giannotti: professor universitário, atual presidente do Cebrap (dez. 2000).
— José Serra: professor universitário, deputado federal, senador, ocupou cargos executivos no governo do estado de São Paulo e no governo federal, atualmente ministro da Saúde.
— Paul Singer: professor universitário, ocupou cargo executivo no governo do PT da cidade de São Paulo.
— Vilmar Faria: professor universitário, assessor especial da Presidência, governo Fernando Henrique Cardoso.

* Este breve comentário biográfico não pretende fazer jus à rica trajetória de cada um dos entrevistados; o nosso objetivo é simplesmente indicar as inter-relações entre vida acadêmica e trajetória política.

Segunda Parte

Pensar o Brasil: a (des)filiação do saber

Este texto constitui um esforço de interpretação das relações entre conhecimento social e o contexto sociocultural, em particular o marco nacional, tomando como referência o lugar do Cebrap no desenvolvimento das ciências sociais no Brasil. A apresentação segue a indicação de Braudel, segundo a qual uma boa forma de aproximação aos fenômenos sócio-históricos é considerá-los como camadas superpostas de circunstâncias imediatas, de mudanças geracionais e de tendências de longa duração.

As teorias relativas à análise sociológica da vida intelectual constituem um vasto campo intelectual e com complexas derivações filosóficas. Uma das perspectivas dominantes na bibliografia brasileira são os trabalhos que tendem a enfatizar as relações entre a produção das elites intelectuais e seus interesses e estratégias de mobilidade social.[1] Esses trabalhos representam uma importante contribuição no sentido de desmistificar a produção de idéias como sendo um mundo desencarnado, que se desdobraria independentemente das possibilidades de emprego, de uma base material de reprodução e divulgação da obra intelectual, de um público consumidor e da utilização do saber como moeda de troca e estratégia de ascensão social, prestígio e poder.

Se esses componentes não podem ser esquecidos sob pena de transformar a análise sociológica em simples história das idéias, por outro lado, na medida em que abandona ou transforma em epifenômeno aquilo que é especifico da vida intelectual, a produção de saber, essa perspectiva transforma a sociologia do conhecimento numa simples subárea da sociologia das profissões.

A análise do lado interesseiro, mesmo mesquinho, da vida intelectual esclarece parte das condições em que as obras são produzidas, mas pouco ajuda a compreender o impacto societário e os caminhos em que a produção do saber se entrelaça com outras dimensões da vida social. Em particular, aquelas dimensões em que os produtores de representações da sociedade desempenham um papel central desde tempos imemoriais, através da construção de categorias com as quais os diversos atores sociais representam, dão sentido, se orientam e negociam sua participação na sociedade.

A partir desse ângulo de reconhecimento da especificidade da produção do saber, temos, na bibliografia sobre os intelectuais no Brasil, além de excelentes trabalhos que focalizam a forma particular de entrelaçamento entre as elites e o poder político,[2] os que analisam o processo de diferenciação e constituição de uma comunidade científica orientada por critérios auto-referidos de qualificação, avaliação e validação do conhecimento produzido.[3]

Uma teoria do lugar dos intelectuais na sociedade exige, prioritariamente, uma teoria da sociedade em que os intelectuais estão inseridos. Assim, compreender sociologicamente o lugar das ciências e dos cientistas sociais pressupõe uma visão geral das características da sociedade dentro da qual os cientistas e as ciências sociais se desenvolvem para dar conta tanto das articulações da comunidade científica com o sistema societário como do impacto do saber produzido. Portanto, sem deixar de levar em consideração as diversas perspectivas teóricas mencionadas, é fundamental focalizar as características e as condições em que se constituem as instituições de ciências sociais e, em particular, a forma pela qual, no Brasil, se estabelece a agenda de pesquisa e suas conseqüências sobre as características do conhecimento produzido.

Sem desconhecer os enormes progressos realizados no sentido de constituição de uma comunidade científica nacional de cientistas sociais,[4] procuramos mostrar, através do que denominamos de desfiliação, as dificuldades de acumulação e aprofundamento do conhecimento sobre a realidade social brasileira. Através dos conceitos de filiação e desfiliação do saber, acreditamos ser possível reconstituir os pontos de encontro entre o conjunto da dinâmica social e os produtores de conhecimento, e reconstituir a trama complexa pela qual o saber se mostra social e o social uma construção do saber.

O Cebrap e suas circunstâncias

No momento de sua criação, em 1969, após terem suas posições de professores universitários cassadas, vivendo num país que entrava no período mais duro do regime militar iniciado com o golpe de 1964, o objetivo dos fundadores do Cebrap era viabilizar sua permanência no país como cientistas sociais. Dez anos mais tarde, completado o ciclo no qual o Cebrap teve seu momento de apogeu, a instituição tinha marcado a vida intelectual e política do país.

O que tinha acontecido? O regime autoritário, especialmente durante o governo de Garrastazu Médici, de 1969 a 1973, foi um período de medo, repressão, censura e de perseguição aos intelectuais identificados com a luta contra a ditadura. Mas em comparação a outros regimes autoritários da mesma época no Cone Sul, a ditadura brasileira apresentou uma série de importantes singularidades. A primeira foi que a década de 70 foi um período de rápido crescimento econômico. A segunda é que essa expansão econômica se deu dentro de um modelo produtivo no qual o Estado — e as empresas públicas — ocupava um lugar central. A terceira é que o mesmo Estado repressor investiu pesadamente no desenvolvimento do sistema científico e tecnológico e particularmente na expansão do sistema universitário público e na criação de um sistema nacional de pós-graduação, financiando extensivamente a formação de cientistas no exterior.

Assim, as novas classes médias universitárias, que em geral mantinham uma atitude de oposição à ditadura militar, eram produto e foram favorecidas pelo modelo econômico promovido pelo próprio regime. Portanto, diferentemente de outros países latino-americanos onde os governos militares destruíram boa parte do sistema universitário e iniciaram um processo de liberalização econômica, a nova classe média brasileira passou os anos 70 distante das penúrias assim como das práticas e debates sobre o neoliberalismo que já tinha começado a invadir as praias vizinhas.

No Brasil os temas dominantes da primeira metade dos anos 70 tinham parâmetros que unificavam boa parte da intelectualidade; um inimigo: a ditadura militar; e um objetivo: a democratização.

Quando posteriormente a agenda de crítica ao governo militar passou a incluir a questão da desigualdade social, os movimentos sociais e o novo sindicalismo, os marcos teóricos e os valores a eles associados continuaram consensuais. Nesse espaço intelectual e ideológico comum, os anos 70 confinaram os intelectuais à área acadêmica, em geral longe de posições de poder político e mesmo da militância partidária.

Esse contexto levou à formação de símbolos de resistência, como foi *O Pasquim* no campo do humor, *Opinião* e *Movimento* na área jornalística, compositores e cantores como, por exemplo, Chico Buarque e Milton Nascimento na música e, no campo mais restrito do debate de idéias, o Cebrap. Coube ao Cebrap ocupar de forma criativa um nicho gerado pelo período ditatorial, quando as classes médias intelectuais e modernizantes procuravam vozes que expressassem os sentimentos reprimidos e censurados, num contexto de alta densidade, mobilização e coesão ideológica.

Se as condições de ensino e pesquisa no período militar sofriam o impacto da coerção, da repressão e da censura, ao mesmo tempo projetavam socialmente os intelectuais, conferindo ao trabalho acadêmico nas ciências sociais uma aura e um sentido de transcendência que desapareceram na democracia.[5] Os intelectuais eram vistos como "porta-vozes" de uma sociedade amordaçada. Posteriormente, com a democratização e a consolidação de uma sociedade de massa sob a égide dos meios de comunicação, os intelectuais acadêmicos perderam seu peso especifico e foram substituídos pelos especialistas em comunicação.

O Cebrap, constituído por um grupo de pesquisadores cassados pelo regime militar, no auge da carreira acadêmica, com importantes contatos na elite local e reconhecimento internacional, especializados em crítica social, dominando um discurso marxista acadêmico num clima de radicalização política, se transformou rapidamente na principal referência de uma geração de jovens cientistas sociais.

Com o avanço do processo de democratização, a crise econômica e a fragmentação partidária, o consenso da comunidade acadêmica, inclusive dentro do Cebrap, chega ao fim. Frente ao problema da inflação, que passa a ocupar um lugar central na vida política, são os economistas dos novos institutos de pesquisa universitária os chamados a ocupar o centro do debate. O advento da democracia não só acabou com o consenso interno do Cebrap, como os novos temas emergentes colocavam questões para as quais o Cebrap não tinha uma contribuição singular a oferecer. Seja nos "grandes" temas como a crise do socialismo, a globalização, o papel do mercado, como aqueles específicos da realidade brasileira, como a corrupção, a violência ou os serviços públicos, a herança intelectual dos membros do Cebrap não os preparava particularmente para enfrentar essas questões.

Enquanto se processava a luta contra a ditadura e se consolidavam os novos centros de ciências sociais, o Cebrap contribuiu, às vezes de forma decisiva, para a construção dos problemas e dos posicionamentos que marcarão as ciências sociais nas décadas seguintes. O Cebrap teve um papel central na constituição de um marxismo acadêmico que será o padrão intelectual dominante da ciência social brasileira. Este rompimento significou um corte com a atitude dominante da intelectualidade brasileira de "conselheira" do poder, de elaboradora de "projetos nacionais", mas também (embora este tema nunca tenha sido totalmente ventilado)[6] da tradição comunista de "representante delegada" da classe operária.[7] A valorização dos movimentos sociais e das novas lideranças originadas na classe operária foram importantes no surgimento de uma ciência social que não se considerava porta-voz da "nação".

Mas se essa crítica teve seus aspectos positivos, foi usada também para legitimar a tendência a desconsiderar ou descartar o pensamento social brasileiro do passado por sua associação com uma postura autoritária, e a utilizar a "classe social" como a priori explicativo universal. Os problemas da historicidade dos conceitos sociológicos e o da especificidade das instituições nacionais foram abandonados ou relegados à margem do debate, o que fortaleceu, como veremos adiante, a desfiliação da produção de conhecimento social no Brasil.

Além de "transmissor" intelectual, o Cebrap também foi uma experiência institucional inovadora. Se, como vimos, o Cebrap não conseguiu criar um novo tipo de estrutura de poder (no lugar da "ditadura da cátedra", da qual procurou se afastar, criou uma "ditadura coletiva geracional"), foi capaz de integrar, ainda que nem sempre de forma bem-sucedida, pessoas com formação diferente, o que aumentou sua capacidade de abarcar um público acadêmico amplo.

Essa abertura significou em particular a capacidade de absorver intelectuais que não tinham se formado na USP, que não eram paulistas e, em certos casos, não se identificavam com o marxismo. Assim, se Vilmar Faria mobilizava o instrumental de métodos quantitativos e Bolívar Lamounier as discussões sobre democracia e partidos políticos a partir de uma bibliografia influenciada pela produção norte-americana, Francisco de Oliveira, misto de visionário-poeta e sociólogo marxista, trazia a problemática regional e nordestina a um grupo de intelectuais que tendiam a ver o Brasil sob um ângulo paulista.[8] Ao lado dessa diversidade intelectual, o Cebrap exibia a característica única — comparada a outras instituições que surgiram posteriormente no Brasil e na América Latina — de ser fortemente multidisciplinar.

Essa variedade de origens intelectuais, se por um lado dificultou a constituição de uma escola de pensamento, assegurou ao Cebrap, por outro lado, o diálogo com um público amplo, com o qual as mais diversas tendências intelectuais e ideológicas podiam identificar-se, desde a academia cosmopolita aos grupos mais militantes e radicais dos estudantes e do corpo docente. Esse público era atingido tanto pelas publicações do Cebrap (em particular pela revista *Estudos Cebrap*, que ocupou um espaço central nas ciências sociais da primeira metade dos anos 70) como pela intervenção constante de seus principais membros na chamada imprensa alternativa.

Nessa constelação, navegando entre e liderando o conjunto, encontrava-se a personalidade extremamente cativante de Fernando Henrique Cardoso, com sua capacidade enorme de circular e se comunicar com os mais variados públicos, e que assegurava ao Cebrap visibilidade e papel de catalisador do debate intelectual da época.

Mas o Cebrap também será precursor institucional dos dramas de uma pesquisa acadêmica cuja agenda é definida pelas agências financiadoras. O enorme capital intelectual e social dos fundadores do Cebrap assegurou fontes de financiamento que viabilizaram a instituição, mas esses recursos vinham associados a uma agenda de pesquisa alheia às preocupações intelectuais da maioria dos membros do staff. Isso criou, como vimos, uma certa esquizofrenia, onde os trabalhos de maior impacto intelectual foram escritos à margem dos trabalhos de pesquisa financiados.

A definição da agenda de pesquisa pelas agências extracientíficas de financiamentos se transformou no Brasil num dos principais problemas para o desenvolvimento científico, à medida que a maioria dos pesquisadores, inclusive os que se encontravam nas universidades, passou a completar seus rendimentos com pesquisas contratadas por agências externas preocupadas com temas de políticas públicas ou de "intervenção social".[9] Os temas pesquisados sendo definidos ou *delimitados* por essas agências financiadoras embora traga conhecimentos importantes, não se constituem em torno de problemas conceituais nem possuem, em geral, capacidade acumulativa, já que não são elaborados em função de questões teóricas que permitam aprofundar um campo intelectual comum.

A passagem das gerações

Na ciência social brasileira dos anos 50 teve lugar um interessante debate entre Florestan Fernandes, líder da escola sociológica da Universidade de São Paulo, e Guerreiro Ramos, responsável pela área de sociologia do ISEB (Instituto Superior de Estudos Brasileiros, localizado no Rio de Janeiro).[10] Lido fora do calor do contexto, e deixando de lado a característica de personalizar as críticas e uma certa verborragia filosofante[11] de Guerreiros Ramos e a linguagem tortuosa e por vezes incompreensível de Florestan Fernandes, resta uma problemática relevante que a história intelectual brasileira tende a evitar, embora ressurja periodicamente.[12] O debate entre

Florestan Fernandes e Guerreiro Ramos nos remete ao tema da universalidade e da particularidade do conhecimento social, tema difícil e delicado, pois facilmente pode escorregar para posições ideológicas ou outras formas de argumentação que constroem critérios de validação extracientíficos que destroem a possibilidade da comunicação racional.

Fundamentalmente, o argumento de Guerreiro Ramos é uma defesa da visão historicista da sociologia: "... habitualmente o sociólogo utilizava a produção sociológica estrangeira, de modo mecânico, servil, sem dar-se conta de seus pressupostos históricos originais..." (op. cit. p.9). Este argumento geral vai acompanhado de uma proposta metodológica — a redução sociológica — adequada às condições sociais nacionais. Essa metodologia enfatiza a necessidade dos sociólogos produzirem um tipo de pesquisa e conhecimento afins com a realidade de um país pobre e dependente como o Brasil. Os três principais postulados da redução sociológica eram: a) a prioridade da elaboração de interpretações de conjunto da sociedade, b) o princípio da subsidiaridade pelo qual "... toda produção científica estrangeira é, em principio, subsidiária" (p.113), c) a realização de pesquisas, numa situação de recursos escassos, que focalizem os problemas centrais do país, aliada à crítica à aceitação de financiamentos externos cujo propósito seria deslocar a agenda de pesquisa nacional.

Florestan Fernandes não confronta diretamente o argumento de Guerreiro Ramos. O que ele defende é um ideal de trabalho científico de aproximação ao padrão internacional. Nesse sentido valoriza os estudos de caso, uma separação maior entre filosofia e sociologia e a constituição de uma comunidade diferenciada de cientistas, que trabalhem de acordo com critérios universais de validação dos resultados da pesquisa social.

A reconstrução posterior desse debate levou a formular dicotomias quando o que existia eram ênfases distintas e dilemas não totalmente resolvidos por nenhuma das partes. Apresentar, por exemplo, a confrontação entre Guerreiros Ramos e Florestan Fernandes como expressão de contextos sociais diferentes, em que São Paulo representaria uma visão moderna de uma sociedade civil diferenciada, com uma comunidade científica autônoma, e o Rio de Janeiro como produtor de intelectuais atrelados ao Estado e à formulação de agendas governamentais, é no mínimo uma simplificação injusta (que inclusive esquece a importância da Universidade do Brasil e a escola de sociologia liderada por Costa Pinto ou o Departamento de Antropologia do Museu Nacional).[13]

O próprio ISEB não era um conjunto homogêneo, e Guerreiro Ramos, embora influenciado pelo discurso nacionalista, sempre criticou os colegas que essencializavam a nação, defendendo a universalidade e autonomia da vida científica.[14] Florestan Fernandes, por sua vez, na segunda fase de sua vida intelectual, depois da cassação da USP, reconheceu a importância de interpretações de conjunto da sociedade brasileira e de uma maior aproximação entre ciência e militância social.

Além dessas tendências, não podemos esquecer o importante lugar ocupado pelo marxismo, em particular através de intelectuais próximos ou militantes do Partido Comunista, que eram críticos do nacionalismo do ISEB e nesse sentido convergiam para o universalismo da USP, embora distantes da sociologia eclética de Florestan Fernandes. Também vale notar, a partir de uma perspectiva de trajetórias sociais, que, apesar de posições intelectuais até certo ponto opostas, Florestan Fernandes e Guerreiro Ramos compartilhavam uma origem social comum — o primeiro, oriundo de uma família extremamente modesta, e o segundo, mulato — que exigia de ambos um esforço particular de diferenciação para ocupar posições numa sociedade fortemente elitista.

O novo clima político dos anos 60 e as transformações produzidas pela ditadura (tanto de censura e repressão como de expansão econômica e do sistema científico) mudaram boa parte dos termos, assim como a atualidade do debate entre Guerreiro Ramos e Florestan Fernandes. Com o golpe militar de 1964, o banimento do ISEB, as cassações e perseguições de intelectuais, em particular a partir de 1969, deu-se uma ruptura com o passado e uma radicalização de boa parte dos intelectuais, em nível nacional. Em sua maioria influenciados pela revolução cubana e o clima da guerra fria, adotaram posições socialistas e de identificação com o marxismo.

É nesse contexto intelectual e social que o Cebrap ocupa — em particular na primeira metade da década de 70, quando se consolidavam as novas instituições de pesquisa formadas em sua maioria por uma nova geração de cientistas sociais — um lugar de liderança intelectual. Foi no período mais duro de resistência ao regime militar que o Cebrap se posicionou como uma ponte entre gerações, como lugar privilegiado de reconstrução da filiação intelectual da comunidade emergente de cientistas sociais brasileiros.

As afinidades do grupo original do Cebrap com a comunidade científica que se desenvolveu nos anos 70 eram múltiplas. A formação na escola de Florestan Fernandes, com a valorização dos estudos de casos e a deferência pelo debate acadêmico dos centros avançados, avalizados por sólida obra científica anterior, assegurava reconhecimento e diálogo com as novas gerações formadas agora, em sua maioria, nos centros universitários dos países centrais. Ao mesmo tempo o conhecimento profundo da obra de Marx lhes permitia conjugar simultaneamente os valores acadêmicos com a orientação político-ideológica dominante. Essa dupla legitimidade — acadêmica e ideológica — foi o principal diferencial do Cebrap nesse período. Ainda mais quando essa dupla inserção mantinha laços com outra tradição de pensamento social que teve uma influência central no Brasil durante grande parte do século XX, a tradição comunista.

Portanto, o Cebrap não foi uma simples correia de transmissão da tradição uspiana representada por Florestan Fernandes. À medida que foram criando espaços próprios, os alunos de Florestan Fernandes passaram a se dedicar a temas influenciados pela agenda de debate político definida em grande medida pelo Partido Comunista. A discussão sobre a burguesia nacional, por exemplo, que ocupou boa parte da obra de Fernando Henrique Cardoso nos anos 60, só é compreensível dentro da problemática ideológica colocada pelo Partido Comunista e depois pela revolução cubana.

No entanto, a ciência social dos fundadores do Cebrap é uma ciência social engajada ao mesmo tempo em que procura manter uma posição de rigor científico, de universalismo e abertura intelectual, rompendo nesse ponto com a tradição comunista. Sem dúvida as condições de repressão política e de clandestinidade das organizações de esquerda nos anos 70 facilitaram este corte, ainda mais que nesse período o marxismo acadêmico tenha começado a ser um fenômeno importante, inclusive nos centros universitários do primeiro mundo.

Foi essa tripla característica, de rigor científico, engajamento político e separação radical entre debate intelectual e posições ideológicos-partidárias, que sinalizou um caminho e expressou o sentimento de "estar no mundo" de uma geração de cientistas sociais que se identificou com o Cebrap.

Passado o período de luta contra a ditadura, e com a consolidação dos novos centros de pesquisa, o Cebrap perdeu seu lugar privilegiado. Assim, para a nova comunidade de cientistas sociais, o Cebrap foi mais uma "ponte" entre as gerações do que uma fonte de filiação ao saber acumulado pela geração anterior. Para a nova geração de cientistas sociais formados em sua maioria em universidades estrangeiras e cada vez mais especializados em áreas específicas, os referenciais de seus trabalhos científicos e as escolas de pensamento referidas passaram a ser definidos pelos centros metropolitanos e pelos orientadores locais onde realizaram suas teses de doutorado. Dificilmente esses marcos teóricos foram criticados ou reelaborados, o que transformou os doutorandos brasileiros em ciências sociais em produtores de estudos empíricos de uma cadeia produtiva internacional.

Junto com a internacionalização dos circuitos de inserção e reconhecimento intelectual, a tendência à especialização excessiva levou ao abandono de esforços de análises de conjunto da sociedade brasileira e, junto com esta, de filiação às tradições "interpretativas" do pensamento social brasileiro. Essa tendência se agravou, como veremos, com a transferência efetiva da definição da agenda de pesquisa para as agências financiadoras.

A longa duração: filiação e desfiliação do saber social

Se entendermos como filiação a identificação de uma obra com uma tradição de pensamento, os trabalhos de ciências sociais se definem, acima de tudo, pelos seus laços com a tradição científica representada pelos pais fundadores, a partir das elaborações de novos autores que permanentemente redefinem as fronteiras do campo de estudos. Embora a diversidade de escolas e a convivência de métodos e teorias divergentes dificultem a consolidação de um *corpus* claramente delimitado, a referência aos debates, autores e problemas representados pela tradição das ciências sociais constitui o processo principal de filiação e demarcação da comunidade dos cientistas sociais.

A convivência no seio das ciências sociais de tendências divergentes faz com que geralmente os cientistas sociais, além de sua identificação geral com o conjunto da tradição, tendam — com maior ou menor intensidade — a uma filiação restritiva, no sentido de identificação com uma corrente ou autor específico (p.ex., Weber, Parsons, Durkheim, funcionalismo, individualismo metodológico etc.). Essa filiação restritiva tem o efeito duplo de permitir o aprofundamento de uma problemática determinada e o diálogo interno, ao mesmo tempo que gera um distanciamento e diminui a comunicação entre os cientistas sociais de diferentes escolas, sem chegar, contudo, a destruir o sentimento de participar de um espaço comum.

Um outro tipo de filiação, esta já com efeitos mais problemáticos, percorreu as ciências sociais durante o século XX, e distinguia os cientistas sociais marxistas dos não-marxistas. Para muitos, a filiação marxista era a condição de acesso à ciência social autêntica, na medida em que funcionava como o canal privilegiado de contato com a classe operária que representava o futuro da humanidade, permitindo uma visão crítica e desmistificadora da ordem social capitalista. Para outros, inversamente, o marxismo era um conjunto de dogmas que limitavam ou impossibilitavam a participação no debate científico.

A filiação marxista, em particular a partir do fim do comunismo, deixou de funcionar como uma lógica sectária, se bem que desde os anos 70 certas posições associadas ao feminismo e as lutas culturais de minorias sexuais e raciais passaram a ocupar um lugar similar, em termos de filiação a uma identidade social que lhes autorizaria desconhecer, desvalorizar ou reduzir outras correntes de ciências sociais a produtos ideológica e politicamente "incorretos".

Apesar de suas diferenças, enquanto predominaram os paradigmas de filiação a uma ciência aberta e ao marxismo, ambos compartilhavam o pressuposto de que o conhecimento produzido era universal, e que os conceitos sobre a sociedade moderna ou capitalista refletiam a tendência de desenvolvimento de todas as sociedades. Ambos os paradigmas, por razões diferentes, entraram em crise, sob o impacto da crítica pós-moderna e pelas profundas transformações na passagem do milênio. Assim, as crenças que sustentavam o paradigma marxista ficaram sem alicerces com o fim do comunismo, e o paradigma da modernidade entrou em pane com as transformações profundas por que passam os países avançados — erodindo ou destruindo características que eram vistas como sinônimo de sociedade moderna — e os processos de globalização que, ao mesmo tempo que homogeneízam as sociedades, colocam em relevo as diferenças entre as diversas culturas, nacionais, regionais ou étnicas.

Essa crise dos paradigmas das teorias generalizadoras da sociedade contemporânea permitiu descobrir que boa parte do que era apresentado como conceitos universais das ciências sociais se referia a fenômenos com fortes componentes particulares (geralmente nacionais) filiados a contextos e tradições específicos de viver e pensar a realidade social. Em outras palavras, encobriam formas — em geral não conscientes nem explicitadas — de filiações a valores culturais, realidades sociais e representações da sociedade associadas a tradições de pensamento nacional (ou outros tipos de contexto social particularista).

O contexto societário contemporâneo fez emergir, portanto, uma dimensão geralmente reprimida de filiação, a filiação nacional.

Por que essa filiação é tão importante na ciência social? Em primeiro lugar, porque a construção de conceitos sobre as sociedades modernas, em ciências sociais, ainda que ambicionando o maior nível de generalidade possível, foi, e em grande medida continua sendo feita — inclusive aquelas referidas aos processos de globalização —, tendo como referência as sociedades nacionais. Em segundo lugar, porque a ciência social se encontra enraizada no seu próprio objeto de estudo, de forma que o esforço de construção de categorias científicas sobre a sociedade é sempre atravessado por formas de pensar a realidade, escolas filosóficas e a definição do que sejam os problemas e valores constitutivos da sociedade, que estão, até hoje, profundamente ancorados nas diferentes culturas nacionais (ou outros conjuntos socioculturais particulares). Essas tradições nacionais estão associadas a processos de longa duração de constituição de formas de sociabilidade e instituições políticas e culturais.

A ciência social, talvez mais do que qualquer outra ciência, mantém laços com tradições intelectuais e/ou estilos de pensamento nacionais. Esses laços permitem uma filiação — geralmente invisível e não explicitada —, que assegura uma cumulatividade e uma continuidade mesmo quando mudam modas intelectuais, temas ou marcos teóricos. Essa dimensão do conhecimento social não invalida a sua vocação universal — isto é, de criar um *corpus* de conhecimento com critérios comuns de validação — e portanto não constitui um critério de relevância de qualquer obra específica. Os conceitos de filiação e desfiliação são instrumentos de compreensão do funcionamento da dinâmica coletiva de produção de conhecimento, e particularmente de sua capacidade de produzir efeitos cumulativos.

Nas ciências sociais a filiação é sempre múltipla, isto é, toda obra se alimenta simultaneamente de uma variedade de tradições, tanto internacionais como nacionais e locais. Essa multiplicidade de filiações do saber social levanta diversas questões sobre as quais só podemos fazer aqui uma rápida referência:

1. Ela limita a relevância dos esquemas conceituais e epistemológicos provenientes das ciências naturais (por exemplo a temática dos paradigmas elaborada por Khun),[15] na medida em que as mudanças de paradigma nas ciências sociais se dão em um nível de filiação, enquanto podem se manter continuidades em outros. A cumulatividade e as descontinuidades do conhecimento devem ser analisadas do ponto de vista das várias camadas de filiações de uma obra a diversos corpos teóricos.
2. Cada dimensão de filiação, por exemplo a filiação nacional, nos remete por sua vez a um conjunto de variáveis ou de inúmeras "portas", muitas delas de difícil conceitualização. A existência de uma filiação nacional não significa que estejamos "essencializando" a cultura nacional, pois toda cultura nacional é por sua vez um produto de múltiplas filiações em constante mutação e está atravessada pelos conflitos sociais, políticos e culturais da sociedade. Mas, ao mesmo tempo que os conflitos sociais, por exemplo de classes sociais, influenciam e transformam tradições nacionais, são por sua vez por elas afetadas.
3. Se por um lado é relativamente fácil identificar tradições de pensamento social nacional, ligadas a autores específicos, é mais difícil, mas nem por isso menos importante, identificar as problemáticas valorativas (valores sociais e políticos de longa duração) ou os estilos de pensamento que caracterizam a construção teórica associada a tradições nacionais (por exemplo, o empirismo e o individualismo anglo-saxão ou o cartesianismo ou o republicanismo francês).
4. A filiação se dá não somente na produção de conhecimento, mas também nas práticas de leitura. Assim, por exemplo, a leitura de Foucault nos Estados Unidos não é a mesma que na França: enquanto na tradição francesa está associada a uma longa tradição filosófica e a debates sobre o problema da representação e do sujeito, nos Estados Unidos foi associada (e geralmente reduzida) a uma área de conhecimento (disciplinamento do corpo) e a uma área acadêmica (*cultural studies*) orientada para o ativismo social. Enquanto na França se filosofa a política, nos Estados Unidos se moraliza a filosofia.

5. Existem "estilos" diferentes de filiação do saber de acordo com a própria estruturação do mundo de produção intelectual e seus sistemas internos de poder e códigos específicos. Assim, por exemplo, na França pode chocar a falta de diálogo e reconhecimento intelectual entre pesquisadores de diversas escolas, mas ao mesmo tempo impressionam as linhas de continuidade "profunda" entre os autores com as problemáticas filosóficas e temáticas dos antecessores. Situação quase inversa da dominante na ciência social norte-americana, onde a fragilidade filosófica, a tendência a critérios quantitativistas de avaliação, o pragmatismo e a massificação da produção levaram a uma produção intelectual que menciona e aparenta conhecer toda a bibliografia sobre o tema tratado, mas que muitas vezes não é mais do que um *melting pot* intelectual que desconhece as implicações teóricas dos conceitos utilizados (o que lhe dá uma maior liberdade de circulação intelectual, mas muitas vezes a condena a uma certa superficialidade).
6. As filiações nacionais são tão diversas e diferentes quanto o são as culturas nacionais e suas relações com a modernidade, e cada uma apresenta problemas específicos para a construção de um *corpus* de ciências sociais. O reconhecimento de filiações nacionais (ou regionais, como é caso da cultura européia no seu conjunto) é fundamental para descolonizar a ciência social e reconhecer que o processo de busca de conceitos gerais está necessariamente impregnado de associações a contextos locais. Para uma parte do mundo não ocidental, os problemas de filiação estão em geral ligados à passagem de visões religiosas e míticas do mundo social para a interpretação secular e desencantada do mundo da qual a ciência social se encontra impregnada.
7. A riqueza de um pensamento encontra-se em sua múltipla filiação, na sua busca de universalidade e ao mesmo tempo por estar inserido, por exemplo, dentro de uma corrente teórica e/ou uma tradição nacional, política e/ou filosófica.

Temos um processo de desfiliação, do ponto de vista da produção de conhecimento social, quando a filiação a uma forma de produção de conhecimento leva a desconhecer ou marginalizar a tradição de pensamento local precedente. Nas situações em que cada geração procura refundar as bases de produção de conhecimento, existe pouca cumulatividade e enriquecimento conceptual, já que o conhecimento social se constitui na forma de debate e contraposição a posições precedentes.

A questão da desfiliação nos remete ao tema das relações entre saber, poder e história, à capacidade de importar e digerir outras tradições culturais, e, em particular, à questão da formação das elites intelectuais. A desfiliação nacional das ciências sociais pode responder a uma gama variada de fatores e circunstâncias históricas. Entre as principais podemos notar:

- Uma passagem rápida para a modernização sem tempo de maturação de uma cultura e valores seculares, ou onde a modernidade secular está associada com dominação colonial ou estrangeira. Nesses casos, a teoria social aparece como expressão de valores ou marcos cognitivos não enraizados na cultura local. Isso vale particularmente para culturas com forte presença de tradições religiosas, como é o caso por exemplo dos países islâmicos, mas também para países constituídos em torno de instituições culturais diferentes das ocidentais, como é o caso, por exemplo, de certos países asiáticos ou africanos.
- Em países periféricos constituídos pelas transposições de populações, instituições e valores europeus, as elites locais tiveram uma tendência a refletir a própria realidade social a partir dos valores metropolitanos. Nessas sociedades periféricas, como as latino-americanas, onde boa parte do pensamento filosófico e social se constituiu de forma reflexa, através da importação de modelos metropolitanos, a filiação nacional é difícil e problemática. No lugar de constituir uma tradição própria, as modas intelectuais da metrópole (ou das metrópoles) culturalmente dominante são importadas e substituídas periodicamente sem gerar uma cumulatividade de pensamento. No centro deste problema, para as ciências sociais, encontra-se a procura constante de um ideal societário calcado na experiência de um país

central e de suas categorias de representação do social (p.ex., cidadania, partido, democracia, classes sociais), que são utilizadas tanto como parâmetros de uma sociedade ideal como instrumento de análise da realidade nacional.[16]

- Na medida em que as filosofias sociais e políticas que oferecem a infra-estrutura e parte do andaime intelectual das ciências sociais se originaram e alimentaram da experiência européia, os esforços de criar um pensamento social original se ressentem do uso de categorias impregnadas de contextos sociais diferentes. A formação das elites intelectuais dominantes fora do contexto nacional tende a reforçar os processos anteriores. Inclusive, paradoxalmente, cientistas sociais de países periféricos, formados nos países centrais nas artes da crítica social em geral e na análise de constituição de elites como mecanismos de dominação social em particular, geralmente não aplicam este conhecimento sobre si mesmas, aceitando cumprir o triste papel de cadeias de transmissão e súditos de mandarinatos intelectuais metropolitanos.[17]
- Um dos paradoxos da vida acadêmica é que, apesar de ser altamente individualizante, pois fundada na contribuição original ao saber (o que produz um mundo habitado pelo "narcisismo das pequenas diferenças"), está, ao mesmo tempo, organizada em torno de redes de hierarquias e dependência pessoal bastante explícitas. Nessas redes, ser protegido ou poder reivindicar o apoio de "um grande nome" é fundamental para as chances de carreira e de reconhecimento dos pares. Sem dúvida, essa característica é geral no mundo acadêmico, mas adquire cores mais fortes em certas culturas, sendo, por exemplo, menos explícita nos países anglo-saxões e mais assumidamente "feudal" na França.

Nas condições da vida científica brasileira, que gira em torno de nomes de prestígio que se encontram fora das fronteiras nacionais, temos por vezes verdadeiras situações de franquias, ou mesmo daqueles que se consideram "*master*-franqueados" do *maître-penseur*. Parte dos recursos da cooperação internacional são canalizados para sustentar essas franquias, transformando a circulação internacional de pesquisadores brasileiros no exterior e de estrangeiros no Brasil num exercício de reprodução de relações encapsuladas cujo efeito multiplicador é bastante limitado.

- É nas zonas periféricas, seja da própria Europa, seja do sistema internacional — em particular na América Latina — que em geral encontramos cientistas sociais com uma formação mais completa, isto é, versados simultaneamente nas grandes tradições nacionais: francesa, anglo-saxã e alemã. Essa atitude intelectual tem o potencial de abertura e cosmopolitismo, mas ao mesmo tempo reflete os problemas de desfiliação. Na experiência da periferia européia — as regiões mediterrânea e central —, do final do século XIX e primeira metade do XX, essa abertura mostrou-se particularmente criativa. Mas ela se fortaleceu e alavancou a partir de outra filiação, a européia. No caso da América Latina, à exceção de poucos autores e das artes, a situação periférica — de ser parte, fronteira e vítima da expansão ocidental — não funcionou como alavanca e ponto privilegiado para o desenvolvimento da filosofia e das ciências humanas.
- É importante notar, em muitos casos, em que uma cultura nacional apresenta dificuldades de filiação na área intelectual, pelos problemas específicos colocados pela transposição das idéias, ela pode possuir uma capacidade enorme de diálogo entre o particular e o universal no mundo das artes. No caso do Brasil, por exemplo, isto se dá especialmente na música, principal sistema de filiação da cultura brasileira com seu passado, com o presente e com a cultura universal.

Paradoxalmente, é hoje via globalização que a cultura e os particularismos são novamente valorizados. Mas, neste admirável mundo novo, muitas vezes no lugar de filiação encontramos a folclorização; no lugar de raízes e aprofundamento do particular para se comunicar com o universal, temos a valorização de imagens passageiras e distinções sutis para diferenciar produtos similares. Afinal, quem sabe, num mundo de espaços virtuais e de famílias recombinantes, a idéia mesma de filiação (nacional, étnica, familiar) se transformou em categoria historicamente datada a ser abandonada ou pelo menos profundamente reelaborada.

A filiação das ciências sociais no Brasil

O Brasil, como sociedade secular surgida do bojo da expansão ocidental e cristã, não experimentou os mesmos traumas de opressão/absorção da cultura européia, como nos casos dos povos afroasiáticos. À diferença da América Hispânica, com populações de origem majoritariamente indígenas, tampouco sofre dos dilaceramentos de amplas populações que ainda carregam as feridas e ressentimentos da dominação colonial, ou, como acontece com os países do Cone Sul (em particular, Argentina e Uruguai), não se vê como uma reprodução local do mundo europeu.

Assim, se em princípio o Brasil possui condições excepcionais para refletir sobre si mesmo e a especificidade de suas instituições, os processos de desfiliação se infiltraram aqui através de variada gama de fatores. Lugar privilegiado ocupa a tendência nacional a desvalorizar o passado, a acreditar que o país do futuro pouco tem a ganhar das gerações anteriores e que o Brasil é um país a ser periodicamente inventado.[18] Essa tendência *inauguralista* da cultura brasileira está presente tanto à direita como à esquerda, onde a sociedade se apresenta sempre como instituinte e nunca constituída, como um mundo permanentemente desejante orientado em direção ao futuro e desvalorizador do passado. Ela se reproduz em todas as áreas da sociedade, tanto na vida intelectual como na política brasileira.

Essa tendência se vê reforçada tanto pela estreita relação entre os intelectuais e o poder político, sublinhada por Pécaut,[19] como pelo sentimento de fragilidade das instituições políticas nacionais. Essa fragilidade gera uma constante colonização da reflexão pelas urgências do presente, uma tendência ao conjunturalismo intelectual e à crítica social; a ficar excessivamente condicionada pela denúncia e pelas preocupações políticas e ideológicas do momento.[20]

Em tempos mais recentes, a desfiliação foi favorecida pela perda por parte dos cientistas sociais do controle da agenda de pesquisa, que passou a ser definida pelas agências de financiamento (nacionais ou estrangeiras). Esse processo esteve associado à transformação da pesquisa no principal instrumento de complementação salarial, estratégia hoje quase universal de sobrevivência dos professores universitários na América Latina, que se consolidou no Brasil nos anos 80 com a perda da capacidade aquisitiva do salário produzida pela inflação.

Nessas condições, a pesquisa acadêmica se concentra nas teses de pós-graduação (ou para aquisição de títulos de docência), enquanto os pesquisadores e acadêmicos seniores, na sua maioria, concentram seus esforços em relatórios de pesquisa onde a imaginação sociológica e a erudição acadêmica não ocupam lugar relevante. Assim, não é de espantar que parte considerável da produção intelectual dos pesquisadores seniores seja constituída de relatórios requentados, sem problemática teórica nem debate intelectual de fundo, já que a pesquisa foi determinada pelos TOR (Termos de Referência) do contrato.

Apesar da inexistência de uma tradição filosófica original, houve no Brasil esforços intelectuais que poderiam ter sido fundacionais de uma perspectiva de ciências sociais em torno da qual poderia ter-se constituído uma filiação intelectual nacional. Em particular a obra genial de Gilberto Freyre, assim como de outros pensadores importantes da primeira metade de século, como Oliveira Viana e Sérgio Buarque de Holanda, constituíram um esforço impressionante para construir problemas, conceitos e formas de pensar o Brasil na sua especificidade histórica, ou, como se dizia na época, as características de sua civilização.

Esse paradigma ficou em boa parte marginalizado pela ciência social que se constitui posteriormente, em particular nos novos centros acadêmicos de São Paulo e do Rio de Janeiro. Assim, a obra de Gilberto Freyre foi criticada por apresentar uma visão apologética do Brasil e da nação como sendo uma democracia racial e por apresentar uma perspectiva culturalista da sociedade. Outros autores foram abandonados por estarem associados ao pensamento autoritário em que o Estado ocupava o lugar da sociedade e o papel do povo e da sociedade civil era desprezado.

Sem dúvida boa parte dessas críticas eram procedentes. Ademais, a ênfase na cultura e nos processos de longa duração, características do estilo ensaístico desses autores, apresentam dificuldades para o instrumental "moderno" das ciências sociais, colado a objetos empíricos claramente delimitados. Mas, no lugar de uma visão mais complexa e conflitiva da cultura, essa dimensão foi praticamente abandonada ou relegada a espaços particulares da disciplina (por exemplo, sociologia da religião).

Nos anos 50 duas novas vertentes apresentam um caráter fundacional e a base para uma nova filiação. Através da influência do marxismo e do pensamento econômico de matriz cepalina passam ao primeiro plano as estruturas sociais, as dimensões políticas e econômicas e a mudança do conjunto da sociedade. Essas correntes, cujos mais importantes expoentes no Brasil são Celso Furtado pela Cepal e Caio Prado Jr. pelo marxismo, mantinham certas linhas de continuidade com a chamada tradição autoritária, no sentido de enfatizar a importância do papel do Estado na transformação da sociedade.

Frente a essa matriz uma outra tradição se constitui na USP, em particular em torno da figura de Florestan Fernandes. Florestan foi antes de tudo um mestre que teve um papel decisivo na formação de uma geração de grandes cientistas sociais, vários dos quais associados direta ou indiretamente ao Cebrap. Sua principal contribuição foi consolidar um estilo de trabalho científico que rompe com o ensaísmo e exige um conhecimento rigoroso das diferentes tradições de pensamento social.

Ainda assim, os trabalhos de Florestan Fernandes — seja na primeira fase de sua obra, centrada na elaboração de uma síntese da teoria sociológica, ou na segunda, de radicalização política orientada para a analise das condições e possibilidades de uma revolução socialista no Brasil — não apresentaram um pensamento ou marco teórico original capaz de se constituir como referência da produção intelectual, inclusive dos seus próprios discípulos. Isto apesar de uma certa tendência apologética que leva a que em geral se evitem análises críticas de sua obra.

Mas se a obra de Florestan Fernandes não se transformou numa referência teórica fundacional de uma nova escola sociológica, teve um papel de desfiliação da teoria social na medida em que geralmente desconheceu a relevância dos grandes trabalhos de ensaísmo precedentes, e em particular a obra de Gilberto Freyre.[21]

A geração que constituirá o Cebrap, ainda que mantendo um enorme respeito pelo mestre, procurou no seminário de leitura do *Capital*, e em geral na obra de Marx, a base de uma filiação própria. Sem dúvida, esse deslocamento tem a ver com as características da época e as afinidades políticas da nova geração, mas essa nova filiação, marxista, se constrói à margem das tradições anteriores do pensamento social brasileiro.

Os herdeiros dos anos 70 e os desafios da construção intelectual da sociedade brasileira

Talvez a principal fonte da influência criadora, mas também de impacto desfiliador do Cebrap na ciência social, tenha sido uma ênfase unilateral na lógica universal de acumulação de capital. Nos primeiros anos da instituição, a importância dada à estrutura capitalista da sociedade brasileira expressava de certa forma o clima social da época, o sucesso do milagre econômico — cujo dinamismo não deixava de provocar admiração nos espíritos mais críticos —, o crescimento e fortalecimento de um novo sindicalismo e a transformação da estrutura rural, que pareciam nos aproximar do modelo "padrão ideal" de desenvolvimento capitalista.

Essa visão estruturalista era igualmente influenciada pelo engessamento da vida política, mas na medida em que avançavam a abertura e a participação dos novos movimentos sociais, o Cebrap se abriu aos temas dos agentes sociais e à dinâmica política. Mas a análise centrada na lógica de acumulação de capital permaneceu como transfundo intelectual básico e se transformou numa influência central nas ciências sociais.

O impacto desfiliador do Cebrap pode ser relacionado também a uma característica do pensamento do Fernando Henrique Cardoso, e que permeava o Cebrap, de valorizar o novo, as tendências emergentes. Se essa característica possivelmente é um de seus principais atributos intelectuais e lhe valeu importantes *insights* sobre a sociedade brasileira, também expressava o "inauguralismo" brasileiro e significou um certo abandono da análise das instituições e dos mecanismos pelos quais o passado se renova no presente, e por extensão, dos autores que pensaram este passado.

A caracterização da sociedade brasileira como sociedade capitalista, que a colocava no mesmo plano das sociedades avançadas, tinha uma afinidade estrutural com a ascendente comunidade científica, cuja formação nos centros internacionais favorecia uma atração pelos conceitos utilizados nos países capitalistas avançados e a tendência a "aplicar" teorias e problemas ao "estudo de caso brasileiro". Essa transferência se fez através de um certo "economicismo", sacrificando aspectos culturais e instituições da sociedade brasileira que lhe são específicos e inclusive constituem componentes importantes da dinâmica capitalista nacional. Assim, por exemplo, o lugar da estrutura familiar, da apropriação privada das instituições públicas, do acesso privilegiado das classes médias a recursos públicos ou o problema da corrupção (que a esquerda brasileira sempre denunciou como uma bandeira "moralista" levantada pela direita), foi praticamente relegado ou reduzido a uma questão de funcionalidade para a acumulação capitalista.

Infelizmente a obra que projetou Fernando Henrique Cardoso no plano internacional, *Dependência e desenvolvimento na América Latina*, que representava um esforço de filiação à tradição da Cepal, ao debate marxista da época e a uma problemática latino-americana, foi em boa medida abandonada pelo Cebrap, à medida que, como mencionamos, a problemática de acumulação de capital e de rigor teórico marxista, junto com um isolamento crescente do resto da América Latina, invadiu a comunidade acadêmica brasileira nos anos 70.

A ciência social que se institucionaliza nos anos 70 é fortemente internacionalizada, mas basicamente em termos do chamado "circuito Helena Rubinstein" (Paris, Nova York, Londres), tanto no sentido da problemática intelectual como de vínculos institucionais. Para o distanciamento crescente da América Latina convergiram os marcos teóricos focalizando conceitos universais sobre o modo de produção capitalista, a realização de doutorados nos países centrais, o que consolidou laços sociais e institucionais e uma atitude de valorização do padrão de trabalho acadêmico e publicações dos países avançados.

Esse desenvolvimento criou, no Brasil, uma comunidade acadêmica com características de um *paroquialismo cosmopolita*, pois altamente atualizada em relação aos debates intelectuais dos países centrais, mas geralmente dando as costas para o estudo comparativo dos processos sociais que, nos países vizinhos, prenunciavam a dinâmica da sociedade brasileira. Assim, temas como o impacto social das privatizações, a privatização do sistema de ensino e da previdência social, a transformação das práticas de administração estatal, a desregulação do mercado de trabalho, as transformações na estrutura, perfil e práticas das classes sociais, a violência e a exclusão, foram tratados em geral desde uma perspectiva de denúncia ou com conceitos importados dos países centrais.

A América Latina, além de ser o campo natural de estudos comparados para o Brasil, funcionou no passado — e tem potencial para continuar a fazê-lo no futuro —, como uma âncora capaz de estruturar um espaço intelectual autônomo, um habitat intelectual onde conceitos são aferidos e aclimatados. Embora sejamos naturalmente importadores natos de teorias e conceitos dos países centrais, existe um espaço enorme para confrontar os marcos analíticos com as realidades locais, mostrando como conceitos surgidos em outras realidades em geral são relevantes, mas com as devidas adaptações, para contextos como o nosso. Inclusive nas discussões mais abstratas de filosofia social, de Foucault a Habermas e Rawls, é importante lembrar que são marcos intelectuais que se nutrem de realidades sociais e tradições culturais; portanto, é preciso um duplo esforço para acompanhar esses debates no nível de abstração que lhes é próprio, mas também traduzi-los nos contextos societários e das tradições culturais que nos são específicos.

A ciência social brasileira das últimas duas décadas — apesar da produção de uma enorme quantidade de estudos específicos, em particular na forma de teses de pós-graduação, de grande valor científico — apresenta mais do que nunca um problema de desfiliação intelectual, que se mostra particularmente dramático num momento de mudança de paradigma societário pelos processos de globalização, colocando interrogações dramáticas sobre a possibilidade de desenvolver projetos soberanos, democraticamente elaborados, de transformação social.

Perdido o horizonte do socialismo e praticamente abandonado o arcabouço do marxismo, permaneceram como temas estruturantes da pesquisa em ciências sociais as áreas tradicionais definidas pela agenda passada. O mundo emergente de uma sociedade democrática e sua complexa institucionalidade não deram lugar a uma pujante sociologia jurídica, nem as transformações no mundo das empresas foi acompanhada por uma criativa sociologia das organizações, para a qual o Brasil com certeza teria muito a contribuir, e, mais impressionante ainda, num país onde os sistemas de comunicação ocupam um lugar tão central não desenvolveu centros importantes de sociologia das comunicações, para dar só alguns exemplos.

Constituída contra — e graças a — o governo militar, a nova geração de cientistas sociais, geralmente com doutorado no exterior, consolidou um padrão de produção científico de alta qualidade, mas fragmentado em poucas áreas de especialização e associado geralmente a modas intelectuais ditadas pelos cientistas dos países centrais.[22] Institucionalizados em torno de uma organização nacional, a Anpocs, que passou a reproduzir as áreas de especialização e de distribuição regional de poder, transformou a instituição representativa das ciências sociais num *bunker* intelectual em lugar de uma plataforma para novos desafios e questionamentos.

É fundamental que as ciências sociais mantenham uma capacidade de diálogo permanente com o jornalismo e com os elaboradores de políticas públicas ou de programas políticos. No primeiro caso, esse diálogo assegura que o discurso das ciências sociais não fique isolado e fechado num pequeno universo de iniciados, assim como a tradução da análise teórica em instrumento de apoio à intervenção social permite que a produção acadêmica não se perca em debates sem relevância para o resto da sociedade. Mas essas passagens não podem acarretar um reducionismo intelectual com perda de valores substantivos que diferenciam a vida acadêmica de outros subsistemas sociais.

A legitimidade e o treinamento numa área não são transferíveis para outras, e, na maioria dos casos, os cientistas sociais, transformados em ideólogos de última hora, acabam por cair num panfletismo simplista, ou num jornalismo denunciador que pouco agrega à capacidade jornalística instalada, resultando num desperdício de energia e abandono do rigor e respeito pela complexidade própria do trabalho científico. Por sua vez, o campo de políticas públicas, que possui uma tradição respeitável nas ciências sociais, transformou-se no Brasil na principal fonte de complementação salarial, levando a que boa parte da produção intelectual consista de diagnósticos pré-contratados, na maioria dos casos divididos e indecisos entre as exigências específicas da análise, que orientam a produção de propostas operacionais e a vontade de um esforço teórico não amarrado a preocupações de ordem prática.

Essas indicações são generalizações que não substituem a necessidade de estudos mais específicos de trajetórias de filiação e desfiliação nas ciências sociais no Brasil, tanto no nível de cada disciplina como no dos diferentes grupos e/ou instituições e obras individuais. Assim, por exemplo, a história econômica e social se beneficiou das sinergias da obra de Caio Prado Jr. e Celso Furtado, apesar de pertencerem a diferentes escolas de pensamento, e por sua vez elas apresentam clara convergência com a escola de pensamento como a dos Annales, na França, sob cuja influência se formou uma geração mais jovem de historiadores brasileiros. Da mesma forma, a nível da análise de cada obra intelectual individual, sabemos que a "porosidade" de influências é muito maior que as explicitadas, que elos e ganchos com autores "locais" não são difíceis de identificar. Existe, porém, em muitas genealogias intelectuais uma certa tendência, em nome da "originalidade" da análise ou da simples apologética, a magnificar aspectos menores ou mesmo distorcer o argumento de forma a mostrar filiações que na verdade são secundárias ou mesmo irrelevantes.

A crise das universidades públicas que se alastra desde os anos 80, associada aos problemas de relevância intelectual em tempos de comunicação de massa e colonização da pesquisa pelas agências de financiamento, coloca a ciência social brasileira frente a um enorme desafio de atualização intelectual e de reorganização institucional que a leve novamente a produzir cientistas atualizados com o mundo e capazes ao mesmo tempo de pensar a sociedade brasileira.

Terceira Parte

Fernando Henrique Cardoso, o sociólogo e o político

Militante, no início dos anos 50, na luta pela nacionalização dos recursos naturais e exploração do petróleo, simpatizante do Partido Comunista, renovador da sociologia marxista, socialista declarado ainda na década de 80, Fernando Henrique Cardoso na presidência da República governou apoiado por uma coalizão de partidos à direita do espectro político, que teve (até o momento, dezembro de 2000) como principais realizações a estabilidade monetária e reformas constitucionais que levaram à privatização de boa parte das empresas públicas e à abertura ao capital estrangeiro de praticamente todas as áreas da economia.

Da perspectiva de um observador menos sensível à biografia do presidente, as opções políticas de Fernando Henrique Cardoso não causariam espanto, pois eleito graças ao apoio popular sustentado no êxito do plano real e a uma aliança partidária apoiada pelos grupos sociais dominantes, a nível nacional e internacional, a margem de manobra de seu governo era limitada. Se fosse para ser julgado ou avaliado, esse julgamento deveria ter como parâmetro suas realizações dentro das possibilidades demarcadas pelo jogo de forças políticas e da base de sustentação parlamentar dentro da qual exerceu a presidência. No que diz respeito à sua biografia acadêmica, ela seria em boa medida um elemento anedótico, pois a lógica de funcionamento e sobrevivência no interior do subsistema político tem pouco ou quase nada a ver com a lógica dos subsistemas científico ou ideológico.

Para a intelectualidade brasileira, e inclusive para Fernando Henrique Cardoso, as coisas não são tão simples, nem poderiam ser. Para todos, e particularmente para aqueles que compunham o círculo mais próximo do presidente, e o próprio presidente, trata-se de explicar o que aconteceu com sua trajetória biográfica.

O presidente Fernando Henrique Cardoso entrou tarde na política. Ainda nos anos 80, já senador da República, ocupava a presidência da Associação Internacional de Sociologia. Assim, é natural que mantenha um desejo de reconhecimento por seus pares do mundo acadêmico. Não é de estranhar, portanto, que em suas inúmeras entrevistas e intervenções como presidente da República transpareçam sua acuidade sociológica e sua enorme capacidade de captar a dinâmica da sociedade brasileira. Complicado, porém, para todas as partes, é separar o intelectual do político, a fala do sociólogo da prática, e interesses, do presidente da República. Essa dupla identidade, de intelectual-presidente, cria vários nós e um espaço enorme de ambigüidade, que na seqüência procuraremos, na medida do possível, desemaranhar.

Na entrevista que realizamos 20 anos atrás com Fernando Henrique Cardoso, quando ainda não ocupava nenhum cargo público, ele afirmou sua crença, inspirada em Max Weber,[1] na necessidade de separar a ética de convicções, que orientaria a pesquisa científica e na qual os meios estão a serviço dos fins, da ética da responsabilidade, típica do político, na qual a ação deve levar em consideração o campo efetivo de suas conseqüências, inclusive as imprevisíveis.

O presidente, 20 anos depois, parece manter esta visão. Como político, ele orientaria sua ação pelo horizonte do possível, ao passo que como analista da sociedade brasileira continuaria pensando como um cientista social, tendo como único compromisso a busca da verdade. Mas é esta separação possível? Pode o presidente e o sociólogo se afastarem a tal ponto que o segundo não esteja a serviço do primeiro, que a análise social, por mais brilhante que seja, deixe de ser um instrumento de justificação das ações do político?

O papel central que Fernando Henrique ocupou nas ciências sociais no Brasil, dos anos 60 aos 80, faz com que suas ações na presidência da República produzam divisões e mobilizem emoções fortes em proporção direta com a identificação da intelectualidade com sua figura. Para parte importante da intelectualidade, as opções políticas do presidente produziram sentimentos de frustração, de abandono e mesmo de traição. Insatisfação fortalecida pela atitude do presidente de congelar os salários do funcionalismo público por longos períodos — e a maioria da comunidade cientifica é empregada pelo governo — e pela indefinição e por vezes descaso em relação à política científica e tecnológica e às necessidades de reorganização do sistema de universidades públicas.

As dificuldades aumentam quando parte do discurso do presidente tem como objetivo desqualificar a capacidade intelectual das esquerdas (leia-se PT) de compreender o Brasil. Aqui, Fernando Henrique Cardoso realiza um duplo movimento: por um lado reivindica para as políticas de seu governo aquilo que constitui o coração da tradição de esquerda — representar os interesses das camadas populares — e por outro denuncia a oposição ao governo pela falta de projeto, por representar interesses corporativos e por estar associada a uma visão retrógrada e a interesses do passado.

Os ressentimentos se aguçam quando o presidente nos seus discursos toca nas feridas da esquerda (em particular a falta de projeto para enfrentar os processos de globalização e o corporativismo do funcionalismo público), que sendo com certeza corretas, não deixam de ser vividas como paradoxais, pois, afinal, quem melhor que Fernando Henrique Cardoso, sociólogo, para contribuir, dentro de uma perspectiva crítica, para desvendar e propor caminhos alternativos para a sociedade brasileira?

O círculo imediato dos parceiros de Fernando Henrique no Cebrap dos anos 70, em particular, foi o mais mobilizado pelas opções do presidente, sendo seus opositores talvez não majoritários mas com certeza os mais expressivos. Possivelmente o crítico mais virulento do governo Cardoso é Francisco de Oliveira.[2] Para ele o governo de Fernando Henrique, através de sua política econômica e mudanças na legislação trabalhista, criou uma sociedade excludente, que condena parte importante da população ao *apartheid* social, montado numa estrutura de dominação de meios de comunicação que destrói a vida política e o espaço público. Para Chico de Oliveira, a sociedade brasileira teria caraterísticas totalitárias, apesar de manter o jogo político democrático formal. Segundo ele, estaríamos numa república de Weimar onde se incubaria a serpente totalitária.

O tipo de recorte crítico de Chico de Oliveira, mesmo descontadas sua paixão verbal e suas imagens metafóricas, não encontra, em geral, eco na intelectualidade de oposição. Inclusive porque a maior parte desta se identifica com o PT e pretende chegar a governar o Brasil num futuro não distante, e, portanto, se a situação pode apresentar lados sombrios, não pode ser vivida nem pensada como um beco sem saída. Em termos mais gerais, o pessimismo frankfurtiano que Chico de Oliveira explicitamente assume tem pouca afinidade com o viés otimista da cultura nacional.

Paul Singer, num estilo diferente, centra sua crítica na confrontação entre o que presidente diz e o que faz.[3] Ele argumenta que Fernando Henrique Cardoso, quando analisa a realidade social, sustenta as mesmas críticas da oposição em relação aos efeitos negativos da globalização, à necessidade do país possuir uma política industrial e defender a universalização dos serviços públicos. O que mais irrita e preocupa Paul Singer é a tendência, que ele identifica no presidente, de desqualificar qualquer representante da sociedade como expressão de interesses parciais, enquanto ele representaria o interesse geral. Esta posição daria ao presidente licença para desconsiderar e não dialogar com os vários setores organizados das classes populares.

A tendência de Fernando Henrique Cardoso de expressar críticas constantes aos processos de globalização pode ser vista como um simples exercício de apropriação do discurso da oposição, e sem dúvida existe uma vontade do presidente de hegemonizar todo o espaço político, mas elas refletem igualmente, como veremos adiante, uma dimensão trágica: a expressão de uma contradição efetiva de um presidente que executa um projeto social alheio a sua tradição intelectual e ideológica.

Roberto Schwarz, num belo ensaio[4] — como todos os que saem de sua pena —, onde analisa o percurso do Seminário de Marx, indica que Fernando Henrique Cardoso na presidência é a confirmação do que o Seminário, e em particular os trabalhos sociológicos de Fernando Henrique, haviam constatado: o enorme poder das classes dominantes no Brasil, em particular graças a suas relações privilegiadas com o exterior, de impor seus projetos à sociedade. Aproximando-se de Francisco de Oliveira, sugere que a distância do Seminário de Marx de certos temas de crítica radical ao capitalismo, do tipo proposto pela escola de Frankfurt, como o da degradação da cultura produzida pela mercantilização das relações sociais, que se expressa na baixa sensibilidade do grupo frente aos temas da cultura, estaria associada ao compromisso desta geração de pensar saídas para o Brasil.[5] Em suma, apesar de sua perspectiva crítica, a turma do Seminário de Marx, tendo como horizonte a nação e as alternativas para o desenvolvimento econômico, estaria no mesmo território ideológico do ISEB, ao qual, aliás, Roberto Schwarz dedica alguns parágrafos generosos.[6] Ele constata o que outros autores, notadamente Pécaut, já haviam assinalado: a extrema proximidade entre as elites intelectuais e o poder político, o saber e sua vontade de poder, a produção de conhecimento e a engenharia social a serviço de um projeto nacional.

A crítica de Roberto Schwarz, ainda que apresente elementos pertinentes, nos parece conter um ranço elitista, pois ecoa a defesa saudosista de um mundo em vias de desaparição, uma visão onde as massas estariam indefesas frente à capacidade predatória das classes dominantes, hoje totalmente internacionalizadas, econômica e culturalmente. Essa postura abre mão do esforço de compreender como os conflitos sociais e formas de solidariedade social se renovam e assumem novas formas e objetos, como, em suma, a vida continua, as estruturas sociais se transformam e o inesperado rompe com as amarras dos grupos sociais dominantes ou de esquemas teóricos sólidos mas já ultrapassados.

A defesa mais sistemática das posições de presidente foi feita, ate hoje, pelo próprio Fernando Henrique Cardoso.[7] Outros colegas, em particular José Arthur Giannotti e especialmente Bolívar Lamounier, apresentam periodicamente, geralmente na imprensa, uma versão favorável do governo FHC. A linha fundamental de defesa é a inexistência de um projeto da oposição, e que, nesse contexto, Fernando Henrique Cardoso é uma garantia de um governo decente frente à alternativa de uma direita fisiológica.

Na bibliografia das ciências sociais ainda são poucos os esforços de interpretação da presidência de Fernando Henrique, o que é compreensível na medida em que não chegou a completar o seu segundo mandato. Ainda assim, uma tentativa de balanço do primeiro mandato foi realizada pela revista *Tempo Social*,[8] em particular no artigo de Brasilio Sallum Jr.,[9] no qual embora mantendo uma perspectiva crítica, não apresenta uma visão simplista do governo Fernando Henrique, indicando a existência de duas tendências no núcleo de poder associado ao presidente, uma de caráter neoliberal- fundamentalista e outra liberal-desenvolmentista. Além desse artigo, outros trabalhos tratam de temas setoriais, na maioria dos casos indicando avanços nas áreas analisadas, ainda que considerados geralmente parciais e tímidos.

As relações entre a intelectualidade e o governo Fernando Henrique Cardoso ainda estão por serem analisadas e, com certeza, mostrarão muito mais nuances do que oposições. Entre aqueles incondicionalmente seduzidos pelo presidente e os críticos mais ferozes, encontra-se a maioria constituída por um amplo leque de cientistas sociais, que, embora geralmente crítico da orientação geral e das alianças do governo, não deixou de participar, em pesquisas promovidas pelos diversos ministérios, na orientação das políticas públicas, contribuindo assim para a sustentação e legitimação do próprio governo.

Passado o primeiro choque com as opções políticas do presidente, com certeza teremos no futuro estudos capazes de avaliar o governo de Fernando Henrique a partir da óptica das margens de manobra efetiva — tanto no âmbito nacional como internacional —, dentro das quais operou. Uma futura avaliação da presidência de Fernando Henrique exigirá, em primeiro lugar, um esforço analítico de distinguir os diferentes critérios utilizados para julgá-lo. No debate brasileiro atual sobre as grandezas e misérias do governo, além da natural falta de rigor da retórica política, impera em geral uma mistura confusa de problemas colocados pelas relações entre ética, moral e política. Uma boa parte da intelectualidade de esquerda ainda não se definiu pelo respeito da ordem constitucional, o cumprimento da lei e a responsabilidade pública como os critérios básicos de avaliação da ética e moralidade numa democracia.

O projeto societário e as políticas aplicadas por Fernando Henrique são estranhas à sua formação intelectual e política e à de sua geração. Elas foram elaboradas fora dos marcos ideológicos e teóricos nos quais ele transitou como sociólogo. Os argumentos com os quais procura mostrar uma coerência entre seus atos e suas visões do passado são uma construção a posteriori, muitas vezes brilhante mas sustentada por andaimes muito frágeis. Fernando Henrique sabe que o mundo mudou, que a partir do momento em que a alternativa socialista deixou de ser parte do seu horizonte, mesmo distante, os antigos parâmetros se esfacelaram e a bússola enlouqueceu. Embora surjam discursos sobre uma nova esquerda, uma terceira via, as idéias ainda são precárias e em geral pouco adaptadas ao clima social brasileiro. Os tijolos do governo Fernando Henrique Cardoso provêm de outras oficinas de produção de conhecimento, distantes daquelas onde ele exerceu seu artesanato intelectual.

Mas este comentário, para ser justo, deve ser estendido aos críticos do presidente. Se ele não pode ser coerente com seu passado, na medida em que deve enfrentar a responsabilidade de governar em tempos novos, nenhum dos membros de sua geração, com responsabilidades públicas, teria condições de sê-lo. A turma sênior do Cebrap, nos anos 70, não enfrentou os temas da globalização, das empresas públicas, do patrimonialismo do Estado, das novas tecnologias, do enfraquecimento do proletariado industrial e, particularmente, do fim do comunismo. Mas numa época de transformações sociais profundas, ao longo de uma vida em que os paradigmas societários mudam mais de uma vez, não se pode exigir de uma geração que consiga ser permanentemente coetânea com sua contemporaneidade.

A oposição de esquerda chegou aos anos 80 com expectativas exageradas quanto à capacidade da democracia política e dos novos movimentos sociais de transformar a sociedade. Na prática, a transição democrática coincidiu com um período em que a energia social era gasta em conter a inflação, que expressava a crise final de um modelo de desenvolvimento e a necessidade de propor novos mecanismos de distribuição de riquezas e de inserção do Brasil no mercado internacional.[10] A oposição não conseguiu sair do campo das afirmações de princípio e de fidelidade à sua vocação socialista, permanecendo na prática no terreno da defesa de um modelo de desenvolvimento associado a um Estado com fortes traços autoritários e que privilegiou o setores minoritários da população, e aos grupos de interesse a ele associado.

Afirmar que a presidência Fernando Henrique Cardoso á a aplicação local de fórmulas liberais é uma obviedade e uma mistificação, pois diz muito pouco sobre o significado específico que essas políticas tiveram no contexto da sociedade brasileira. No Brasil a inflação foi uma verdadeira peste, que castigou em particular os setores mais pobres da população e favoreceu a irresponsabilidade governamental e o parasitismo financeiro. A luta contra a inflação, independentemente de ir ao encontro dos interesses dos investidores estrangeiros, foi uma política que favoreceu os setores sociais mais pobres. As críticas aos eventuais erros ou à rigidez na aplicação desta política contêm muitas vezes uma dose de ambigüidade quanto à prioridade que deveria ter a luta antiinflacionária. E isto não é casual: a esquerda no Brasil ainda visualiza sua atuação fundamentalmente através de um hiperativismo estatal, cujo resultado não raro é a geração de processos inflacionários.

As privatizações e a reforma do Estado vão na direção de desmantelamento de um Estado que cooptava as classes médias e o empresariado mas que excluía grande parte da população. Sem dúvida pode e deve ser questionada a forma pela qual esses processos foram realizados, em particular no caso das privatizações a eficácia, transparência e representatividade dos novos sistemas de controle e regulação dos serviços públicos entregues a concessionários privados. Mas aqui novamente deve se ter clareza e coragem de explicitar o que está sendo questionado.

A implantação das reformas foi feita sem cair nos piores exemplos do continente: o menemismo (as privatizações como assalto ao Estado e total desconsideração pelo interesse público e a estabilização monetária como desmantelamento da indústria nacional) ou o fujimorismo (a tentação autoritária). O único traço que o governo de Fernando Henrique compartilha com esses outros presidentes latino-americanos foi ter mudado a Constituição para assegurar um segundo mandato. E tudo indica que, de forma similar aos outros casos, o preço pago foi alto demais. Embora possa-se argumentar que ele assegurou a continuidade do programa econômico, trata-se de um segundo mandato com pena e sem glória, em que, esgotado o programa básico de reformas constitucionais e privatizações, o espaço político ficou à mercê das pequenas negociações de sustentação parlamentar do governo embaladas nas alianças que garantiram a reeleição do presidente.

Quem sabe, o mérito principal da presidência Fernando Henrique Cardoso tenha sido o de romper com o velho estilo de "salvador da Pátria", de intelectual-iluminado com direito a impor seus projetos mirabolantes em forma autoritária à sociedade. Mérito que não desautoriza críticas, tanto às políticas específicas quanto às estratégias de governo.

Assim, por exemplo, as agências de regulação dos serviços públicos privatizados foram montadas tardiamente e ainda devem demostrar sua capacidade de assegurar a universalização dos serviços e a defesa do interesse público. As políticas sociais implementadas pelo governo com certeza poderiam ter sido menos tímidas, e sua política de flexibilização da legislação trabalhista é questionável. A distância e a falta de diálogo com os movimentos sociais, embora difíceis de evitar, dadas as divergências básicas em torno das privatizações e do programa de reforma constitucional, deverão ser sanadas por futuros governos, sob pena de incubar sentimentos de descrença na democracia representativa e de judiciarização descontrolada do conflito social.[11]

O presidente e sua equipe são produto de uma elite gerada por um modelo de Estado que, apesar de suas inúmeras limitações, colocou o Brasil entre as grandes economias do mundo e formou gerações de intelectuais, cientistas e técnicos de primeira grandeza.

A reforma do Estado não pode significar o desmantelamento irracional das instituições de pesquisa e de ensino superior, apesar de suas enormes falhas e corporativismo irresponsável. A formação de elites intelectuais e administrativas não pode ser reduzida nem aos parâmetros do mercado nem totalmente submetida a políticas distribucionistas

O papel histórico da presidência de Fernando Henrique Cardoso consiste em ter suprimido a inflação e implantado as bases de um novo modelo de desenvolvimento frente ao qual a sociedade não apresentava outras alternativas. Seu governo, em suma, realizou um programa liberal que, no contexto brasileiro, tinha implicações potencialmente democratizantes. Mas essas implicações são uma virtualidade. Esse potencial está longe de ser concretizado, e o novo modelo pode muito bem levar a processos crescentes de exclusão e desintegração social e a um novo ciclo autoritário.

Nada assegura que no lugar do velho modelo em que uma minoria era protegida dos riscos frente ao desemprego e à velhice, passemos à universalização do risco, que no contexto brasileiro atual significa que cada cidadão deverá pagar em paralelo pela sua segurança física, pela educação, saúde e aposentadoria, financiando ao mesmo tempo um Estado incapaz de assegurar uma malha de políticas sociais que assegurem um mínimo de condições de vida decente para o conjunto da população.

O governo Fernando Henrique Cardoso criou, paradoxalmente, as condições de governabilidade para um futuro governo de oposição de esquerda, na medida em que aplicou políticas de estabilização e realizou reformas que seriam travadas pela base de sustentação sindical do PT e às quais dificilmente poderiam, em maior ou menor intensidade, furtar-se. O projeto da oposição pode agora se concentrar num programa político sustentado no apelo a políticas de apoio aos setores sociais mais carentes e à decência administrativa. Um governo de esquerda no Brasil deverá orientar-se no sentido da experiência do governo chileno de coalizão cristã-democrática/socialista, de convivência com as reformas liberais, de diálogo com a sociedade civil e fortalecimento das políticas sociais, respeitando os parâmetros de disciplina fiscal e de convivência com o investimento estrangeiro produtivo.

* * *

O político, segundo Weber, deve ter consciência de que sua vocação o levará a comprometer-se com "potências diabólicas", tanto pela procura da eficácia, mesmo com o sacrifício de suas crenças, como pelas conseqüências imprevisíveis de sua própria ação. O intelectual, orientado por outra ética, também ela comprometida com valores sociais, deve participar do esforço de busca irrestrita de novos fatos e interpretações, que é sua contribuição específica para o desencantamento do mundo, isto é, a forma crítica moderna de autocompreensão. No Brasil os cientistas sociais e os políticos ainda refletem uma sociedade que os leva constantemente a imaginar atores, às vezes eles mesmos, com atributos de santidade e potencial messiânico, o que mistifica o papel social de cada um. À medida que a sociedade se democratiza, quem sabe, poderão consolidar-se as duas éticas de Weber e as formas específicas pelas quais cientistas sociais e políticos representam a sociedade em lugar de querer substituí-la.

Notas

Primeira Parte

1. Cf. por exemplo Caio Prado Navarro, 1977, e C.G. Motta, 1977.

2. Esta lista difere em outros relatos. Roberto Schwarz menciona como membros do grupo inicial Giannotti, F. Novais, P. Singer, O. Ianni, Ruth e F.H. Cardoso, enquanto Bento Prado, F. Weffort, Michael Lowy e Gabriel Bolaffi aparecem como os jovens participantes com "estatuto de aprendiz". Cf. *Seqüências brasileiras*, Companhia das Letras, São Paulo, 1999.

3. Cf. sobre o pensamento da Cepal, F.H. Cardoso, 1980.

4. Cf. igualmente "O drama que o Brasil compartilha com outras nações subdesenvolvidas consiste nas disposições insuficientes de recursos racionais de pensamento e ação". Ibid, p.21, estes trechos foram escritos em 1956.

5. Uma análise mais detalhada da produção dessas revistas pode ser encontrada em Carlos G. Motta (1977).

6. Para o caso uruguaio, ver Juan Rial, s/d.

7. Sobre a posição dos economistas no governo durante o regime militar, cf. Loureiro, 1996.

8. Para uma explicação diferente, ver Schwartzman, 1981, p.159.

9. O novo estilo de trabalho intelectual é analisado por Otávio Velho (1983) e os novos temas em Bolívar Lamounier, (1982).

Segunda Parte

1. Cf. Sergio Miceli, "Intelectuais brasileiros", in Miceli, S., *O que ler na ciência social brasileira (1970-1995)*, São Paulo, Sumaré, 1999.

2. Cf. o excelente trabalho de Daniel Pécaut, *Os intelectuais e a política no Brasil*, São Paulo, Ática, 1990.

3. Cf. em particular os trabalhos de S. Schwartzman. Ver, entre outros, S. Schwartzman, *Formação da comunidade científica no Brasil*, Rio de Janeiro, Nacional, 1979.

4. Cuja trajetória institucional é apresentada nos dois volumes de *História das ciências sociais no Brasil*, Sergio Miceli, (org.), São Paulo, Vértice, vol.1989, e Editora Sumaré, vol.2, 1995.

5. A importância política da universidade se reflete inclusive no impacto das greves universitárias, que foram bem-sucedidas no regime militar, que superdimensionava a importância da comunidade acadêmica, e que foram perdendo seu impacto quando realizadas sob governos democráticos.

6. Essa dificuldade de enfrentar abertamente a tradição comunista aparece claramente com a celeuma provocada pela publicação do artigo sobre Lenin, na revista *Estudos Cebrap*, em 1976, de autoria de Leôncio Martins Rodrigues e Ottaviano de Fiore ("Lenin e a sociedade soviética: o capitalismo de Estado e a burocracia (1919-1923)", *Estudos Cebrap*, 15, 1976). Se no período pesado da ditadura o respeito pelos militantes de partidos de esquerda perseguidos e sem condições de aparecer poderia ter justificado este silêncio, posteriormente fica claro que ele expressava a própria dificuldade interna de enfrentar essas questões.

7. Os trabalhos de Francisco Weffort, em particular o estudo (1972) sobre as greves em Contagem e Osasco foram possivelmente os que mais contribuíram para a valorização da capacidade autônoma da classe operária de definir seus rumos e a construção de uma visão dos trabalhadores capaz de autogerir seu destino. Esses trabalhos contribuíram para uma crítica do modelo comunista e do sindicalismo herdado do período Vargas, mas favoreceu uma linha de estudos sobre os trabalhadores que esquecia o restante das classes sociais e que estava centrado quase exclusiva e unilateralmente em torno do proletariado da grande indústria.

8. José Murilo de Carvalho na análise da formação do Iuperj, outra instituição central nas ciências sociais no Brasil, indica igualmente a importância da captação de professores "de fora" na constituição de uma instituição inovadora. Em ambos os casos ressalta a contribuição de uma geração de mineiros, na maioria formada nos Estados Unidos, depois de passagens variadas por instituições brasileiras e latino-americanas, que se distribuíram entre Rio de Janeiro e São Paulo. Cf. "Iuperj: ponto de encontro das ciências sociais", ms., Rio de Janeiro, 1999.

9. Essa burocratização intelectual foi acompanhada pela burocratização das agências de fomento ao desenvolvimento científico, tomadas por um furor quantitavista, em que o preenchimento periódico de formulários e critérios formais substituíram o reconhecimento da qualidade e o respeito ao *tempo* específico de maturação do trabalho intelectual.

10. Cf. Fernandes, F. *A sociologia no Brasil*, Petrópolis, Vozes, 1977. Guerreiro Ramos, *A redução sociológica*, Rio de Janeiro, Editora UFRJ, 1996.

11. Guerreiro Ramos se refere constantemente a questões e vocábulos retirados da fenomenologia (a própria terminologia da redução sociológica nos remete à redução fenomenológica), que na época era a principal plataforma de confrontação/diálogo com o materialismo dialético.

12. Por exemplo no debate entre Antonio Otavio Cintra e Wanderley Guilherme dos Santos: Cf. Santos, W.G. dos. "A imaginação político-social brasileira". *Dados* 2/3, 1967 e Cintra, M.A., "Sociologia, ciência fática", *Revista*

de Estudos Sociais, 1, 1965, e "Sociologia e ciência", *Revista Brasileira de Estudos Sociais*, 1, 1966. Ela retorna igualmente na interpretação de Miceli (1989), onde a contraposição entre Rio de Janeiro e São Paulo é reduzida a uma maior diferenciação social e funcional que teria permitido a formação de centros acadêmicos com regras próprias baseadas em excelência acadêmica em São Paulo, enquanto no Rio de Janeiro os intelectuais estariam intimamente associados ao Estado.

13. Cf. Marcos Shor Maia, Gláucia Villas Boas (org.), *Ideais de modernidade e sociologia no Brasil*, Porto Alegre, Editora da UFRGS, 1999.

14. Essa tendência simplificadora aparece em particular no livro de Caio Navarro de Toledo, *ISEB: fábrica de ideologias*, São Paulo, Ática, 1977.

15. Khun, T., *The Structure of Scientific Revolutions*, Chicago, University of Chicago Press, 1970.

16. Cf. Sorj, B., "Crises e horizontes das ciências sociais na América Latina", *Novos Estudos Cebrap*, n. 23, 1989 e Sorj, B., *A nova sociedade brasileira*, Rio de Janeiro, Jorge Zahar, 2000.

17. Sobre os problemas de constituição de um pensamento filosófico no Brasil, ver Arantes, E., *Um departamento francês de Ultramar*, Rio de Janeiro, Paz e Terra, 1994.

18. Cf. Sorj, B., "Sociabilidade brasileira e identidade judaica", in Sorj, B. (org.), *Identidades judaicas no Brasil contemporâneo*, São Paulo, Imago, 1997.

19. Op. cit.

20. Sobre este tema, cf. Reis, F.W., Sorj, B., "Uma agenda para as ciências sociais no Brasil", Anpocs, 1990.

21. No excelente livro *A inserção do negro na sociedade de classes*, 2 vol., São Paulo, Editora Ática, 1978, Florestan Fernandes trata a obra de Gilberto Freyre de forma totalmente tangencial.

22. Sobre as ciências sociais nos anos 80 consultar Reis, F.W. "O tabelião e a lupa: teoria, método generalizante e ideografia no contexto brasileiro" e Schwartzman, S. "As ciências sociais nos anos 90", ambos em *Revista Brasileira de Ciências Sociais*, ano 6, 16, julho de 1991 e Sorj, B;, op.cit., 1995.

Terceira Parte

1. Max Weber, *Le savant et le politique*, Paris, Plon, 1963.

2. Ver em particular "Vanguarda do atraso e atraso da vanguarda: globalização e neoliberalismo na América Latina", *Praga*, 4, dezembro de 1997, e "A derrota da vitória: a contradição do absolutismo de FHC" *Novos Estudos*, n.50, 1999.

3. Cf. Singer, P., "FH Cardoso X FH Cardoso", *Praga*, 4, dezembro de 1997.

4. Cf. Schwarz, R., "Um Seminário de Marx", *Seqüências brasileiras*, São Paulo, Companhia das Letras, 1999.

5. Com o qual discorda J.A. Giannotti, numa resposta a Schwarz, dentro de uma reflexão mais autocentrada sobre o Seminário de Marx, cf. "Recepções de Marx", *Novos Estudos*, 50, 1999.

6. "Não há dúvidas que a falta de rigor existia, e que em 64 foi preciso pagar por ela. Mas é certo também que o ISEB respondia ao acirramento social em curso, por vezes de maneira inventiva e memorável, ao passo que as nossas objeções pouco saíam do plano trancado das posições de princípio. Atrás da antipatia é possível que estivessem, além da oposição teórica, o complexo provinciano dos paulistas e, de modo geral, as diferenças entre Rio e São Paulo." Ibid, p.92.

7. São inúmeras as entrevistas e discursos do presidente. Possivelmente a apresentação mais sistemática pode ser encontrada num livro cujo titulo é expressivo, cf. em Toledo, R.P. de, *O presidente segundo o sociólogo*, São Paulo, Companhia das Letras, 1998.

8. Cf. *Tempo Social*, fevereiro de 2000.

9. "O Brasil sob Cardoso", ibid.

10. Cf. Sorj, B., *A nova sociedade brasileira*, Rio de Janeiro, Jorge Zahar, 2000.

11. Cf. Sorj, B., *A nova sociedade brasileira*, Rio de Janeiro, Jorge Zahar, 2000, cap.VI.

Referências bibliográficas

ARANTES, E. (1994) *Um departamento francês de Ultramar*. Rio de Janeiro, Paz e Terra.

ABRANCHES, S. (1982) "Avaliação e perspectivas 1981 – ciência política". CNPq.

ANDERSON, A. (1977) "Prefácio" a C.G. Motta. *Ideologia da cultura brasileira (1933-1974)*. São Paulo, Ática.

CAMARGO, C.P.F. org. (1976) *São Paulo, 1975: crescimento e pobreza*. São Paulo, Loyola.

CARVALHO, J.M. (1999) "Iuperj: ponto de encontro das ciências sociais", ms., Rio de Janeiro.

CARDOSO, F. (1972) "O regime político brasileiro", *Estudos Cebrap*, 2, out-dez.

_____ e IANNI, O. (1959) "Condiciones y efectos de la industrialización en São Paulo", *Ciências Políticas y Sociales*, 18, México, out-dez.

_____ e FALLETO, E. *Dependência e desenvolvimento na América Latina*, Rio de Janeiro, Zahar/Guanabara, 1969.

CINTRA, A.O. (1965) "Sociologia, ciência fática", *Revista de Estudos Sociais*, i, 1.

_____ (1966) "Sociologia e ciência", *Revista Brasileira de Estudos Sociais*, 1.

DUARTE, G. "A criação da USP (entrevista)", *Ciência Hoje*, vol.3, 13.

DURHAM, E. (1984) "Antropologia hoje: problemas e perspectivas". Anpocs.

FERNANDES, F. (1977) *A sociologia no Brasil*. Petrópolis, Vozes.

_____ (1978) *A integração do negro na sociedade de classes*, São Paulo, Ática.

_____ (1984) *Qual é a questão da USP?*, São Paulo, Brasiliense.

GERMANI, G. (1964) *La sociología en la América Latina*, Buenos Aires, Eudeba.

GIANNOTTI, J.A. (1960), "Notas para uma análise metodológica d'*O capital*", *Revista Brasiliense*, São Paulo, 29, mai-jun.

_____ (1966) *Origens da dialética do trabalho*, São Paulo, Difel.

_____ (1999) "Recepções de Marx", *Novos Estudos Cebrap*, 50.

GOULDNER, A. (1974) *The Coming Crisis of Western Sociology*. Londres, Heinemair.

KHUN, H. (1970) *The Structure of Scientific Revolutions*. Chicago, University of Chicago Press.

LAMOUNIER, B. (1981) "A ciência política no Brasil: roteiro para um balanço crítico", mimeo.

LÉVI-STRAUSS, C. (1970) *O pensamento selvagem*. São Paulo, Companhia Editora Nacional.

LOUREIRO, Maria Rita (1996) *50 anos de ciência econômica no Brasil*. Petrópolis, Vozes.

MALAN, P. (1981) "Economia –avaliação e perspectivas". CNPq.

MARANHÃO, S. (1983) "Sociologia – avaliação e perspectivas". CNPq.

MARTINS RODRIGUES, L., FIORE, O. de (1976) "Lênin e a sociedade soviética: o capitalismo de estado e a burocracia (1919-1923)", *Estudos Cebrap*, 15.

MICELI, S. org. (1989/1995) *História das ciências sociais no Brasil*, São Paulo/Vértice e Sumaré, 2 vols.

MOTTA, G.G. (1977) *Ideologia da cultura brasileira 1973-1974*. São Paulo, Ática.

MOTOYAMA, S. (1984) "Ciência e tecnologia e a história da dependência do Brasil", *Revista Brasileira de Tecnologia*, vol.15, 3.

NAVARRO, C.P. (1977) *ISEB: fábrica de ideologia*. São Paulo, Ática.

OLIVEIRA, F. de (1972) "A economia brasileira: crítica à razão dualista", *Estudos Cebrap*. São Paulo, 2, out-dez.

_____ (1997) "Vanguarda do atraso e atraso da vanguarda: globalização e neoliberalismo na América Latina", *Praga*, 4, dez.

_____ (1999) "A derrota da vitória: a contradição do absolutismo de FHC", *Novos Estudos Cebrap*, 50.

PÉCAUT, D. (1990), *Os intelectuais e a política no Brasil*, São Paulo, Ática.

RAMOS, G. (1996), *A redução sociológica*, Rio de Janeiro, Editora UFRJ.

REIS, F.W., SORJ, B. (1990) "Uma agenda para as ciências sociais no Brasil", Anpocs.

REIS, F. (1991) "O tabelião e a lupa: teoria, método generalizante e ideografia no contexto brasileiro", *Revista Brasileira de Ciências Sociais*, ano 6, 16, jul.

RIAL, J. (s/d) "Situación de los estudios históricos en el Uruguay en la década del 70", ms.

SADEK R. de Souza, M.I. (1982), "Análises sobre o pensamento social e político brasileiro", *BIB*, 12.

SALLUM, B. (2000), "O Brasil sob Cardoso", *Tempo Social*, fev.

SANTOS, W.G. dos (1967) "A imaginação político-social brasileira", *Dados*, 2/3.

SCHWARZ, R. (1970), "Remarques sur la culture et la politique au Brésil, 1964-1969", *Temps Modernes*.

_____ (1999) *Seqüências brasileiras*. São Paulo, Companhia das Letras.

SCHWARTZMAN, S. (1979) *Formação da comunidade científica no Brasil*. Rio de Janeiro, Editora Nacional.

_____ (1981) *Ciência, universidade e ideologia*. Rio de Janeiro, Zahar.

_____ (1991) "As ciências sociais nos anos 90", *Revista Brasileira de Ciências Sociais*, ano 6, 16, jul.

SERRA, J., TAVARES., M.C. (1971), "Além da estagnação: uma discussão sobre o estilo de desenvolvimento recente do Brasil", *Trimestre Econômico*, 152, nov/dez.

SHOR MAIA, M., VILLAS BOAS, G., Villas Boas orgs. (1999) *Ideais de modernidade e sociologia no Brasil*. Porto Alegre, Editora da UFRGS.

SIMÃO, A. (1984) "Dois momentos da Universidade", Folhetim/*Folha de S.Paulo*, 22 jan.

SINGER, P. (1973) "As contradições do Milagre", *Estudos Cebrap*, 6, out-dez..

_____ (1997) "FH Cardoso x FH Cardoso", *Praga*, 4, dez.

SORJ, B. "Crises e horizontes das ciências sociais na América Latina", *Novos Estudos Cebrap*, 23.

_____ (1995) "Estratégias, crises e desafios das ciências sociais no Brasil", in Miceli, S. (org.), *História das ciências sociais no Brasil*, vol.2. São Paulo, Sumaré.

_____ (1997) "Sociabilidade brasileira e identidade judaica", in Sorj, B. (org.), *Identidades judaicas no Brasil contemporâneo*. Rio de Janeiro, Imago.

_____ (2000) *A nova sociedade brasileira*. Rio de Janeiro, Jorge Zahar.

TAVARES, M.C. (1973) *Da substituição de importações ao capitalismo financeiro*. Rio de Janeiro, Zahar.

VELHO,O. (1983) "Processos sociais no Brasil pós-64: as ciências sociais", in: Sorj, B.; M.H.T. de Almeida. *Sociedade e política no Brasil pós-64*. São Paulo, Brasiliense.

TOLEDO, R.P. de (1998) *O presidente segundo o sociólogo*. São Paulo, Companhia das Letras.

WEBER, M. (1963) *Le savant et le politique*. Paris, Plon.

WEFFORT, F.C. (1972), "Participação e conflito e industria: Contagem e Osasco 1965", *Cadernos Cebrap*, 5.

Índice onomástico

Este livro foi composto por TopTextos Edições Gráficas, em Minion e ITC Legacy Sans, e impresso por Cromosete Gráfica e Editora em julho de 2001.